かぎ針編みの

ギモン

日本文芸社

かぎ針編みの気になるギモン、全部聞いてみた

「あれ？ここってどう編むのだっけ？」「なんとなく編めている気がするけれど、これで合ってるの？」「なんだかお手本と違うような……」とわからないままに編み進めた経験はありませんか？　この本では、初心者以上中級者未満の人向けに、基礎本では解説されないような素朴なギモンや、ずっと引っかかっていた編み物のギモンを解決していきます。

ギモンに答えてくれたのは、書籍やレッスンでご活躍中の編み物作家さんたち。ちょっとしたコツや編み方のバリエーションを知っていると、自分自身でアレンジができたり、作品の編み方に仕組まれた意図も読み解けたりと、編み物の楽しみ方がぐーんと広がります。

さらに、もっと知りたい道具や毛糸のことは、京都にある老舗毛糸メーカーのハマナカ企画部さんに聞いてみました。

かぎ針編みの知識が増えれば、もっと快適に、もっときれいに、理想の形に編めるようになります。

編み方のこと

- 編み込みのバリエーションはどんなものがある？
- 立ち上がりの目が目立たないようにするには？
- 目立たない糸の継ぎ方は？
- モチーフのつなぎ方と仕上がりの違いは？
- 目立たない糸の始末は？

道具・糸選びのこと、ハマナカさんに聞いてみた！

- 指定以外の糸で編むには？
- 引き揃えにおすすめの組み合わせは？
- ほどいた糸をきれいに元に戻すには？
- 糸はどうやって保管するのがいいの？

実用するために知りたいこと

- バッグに内布をつけるには？
- バッグのハンドルが伸びないようにするには？
- 編み物のお洗濯は？

この本でできること

Navigator

ヤーン

飼い主のかぎ針編みを観察していたら知識はプロ並みに。かぎ針編みで悩んでいる人がいると、どこからともなくやってきて、コツを教えてくれる。手編みのポシェットには編み物道具がいっぱい。好きな糸はモヘアヤーン。

Point 01

基本のおさらいと 知っておきたいテクニックを習得

編み図の読み方や、かぎ針編みの記号の正しい編み方をおさらいします。基礎本のとおりに編んでいるのに目数が合わなくなったり、きれいに編めなかったり、編みにくかったりする人は、思わぬところが落とし穴の可能性も。編み物作家が実践しているコツを、写真で丁寧に解説しています。

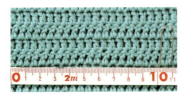

ゲージを測る

糸つなぎが目立たない「はた結び」

長編みの立ち上がりの目が目立たない編み方

Point 02

知っておくとアレンジも可能に！
編み方の選択肢がわかる

編み図を見て、「理想の形とちょっと違うけれど、どうやってアレンジしたらいいかわからない」という経験がある方に向けて、編み物の技法のさまざまなバリエーションを紹介しています。例えばモチーフつなぎなら、つなぎ方によって仕上がりのデザインと印象が大きく変わります。伸びてしまいがちなバッグの持ち手に強度を持たせる方法もご紹介します。

細編みと鎖編みでつなぐ

半目の引き抜き編みでつなぐ

Point 03

学んだテクニックを
応用作品で実践できる

この本で紹介した技法を練習できる作品も掲載しています。作品を編み進めながら気になる解説ページを振り返るもよし、作品とは別の編み方でアレンジを加えてみるもよし、糸を変えてみるもよし、楽しみ方はあなた次第です。

CONTENTS 目次

この本でできること   P.4

基礎のおさらい

道具のこと   P.10

糸のこと   P.12

編み図のこと   P.16

    編み目記号と編み図の見方   P.16

    編み図からわかる情報   P.18

サイズのこと   P.20

    ゲージとは   P.20

    同じ編み図でも、
糸と針でこんなにサイズが
変わります   P.22

基本のテクニック

鎖編みの作り目と立ち上がり   P.24

Q 作り目の裏山が拾いにくいです。
うまく拾う方法は？   P.26

輪の作り目から円を編む   P.28

Q 円や筒を編むとき、段の最後に
どの目を拾うか迷います   P.31

鎖の作り目から円を編む   P.32

Q 円を編むときの「輪の作り目」と
「鎖の作り目」の違いは？   P.34

楕円に編む   P.35

筒に編む   P.36

Q 長編みで筒に編むと、立ち上がり
の目がやけに目立つのですが……   P.37

Q 編み目が不揃いです。
きれいに揃えるコツは？   P.38

Q 編み目が斜行しない方法は？   P.39

編み込みのバリエーション   P.40

    糸を段の端で渡す編み込み   P.42

Q 1段ごとのボーダー柄を
編みたいときは？   P.43

    糸を横に渡す
（編みくるむ）編み込み   P.44

    糸を縦に渡す編み込み   P.46

    糸を裏に渡す編み込み   P.47

Q 編み込み模様を編んでいると、
2本の糸がどんどん
ねじれます……   P.48

Q 編み方を変えると
模様の見え方も変わる？   P.49

Q 糸の結び方のバリエーションは？   P.50

    はた結びの結び方   P.51

Q 糸始末で糸をくぐらせる方向は？   P.52

編んでいると浮かんでくる素朴なギモンに答えていくよ！

編んでみよう　モチーフつなぎ

グラニースクエアの
モチーフつなぎ
P.56

ハートの
モチーフつなぎ
P.58

Q「束に拾う」って
どういうことですか？
P.63

アネモネの
モチーフつなぎ
P.64

ダリアの
モチーフつなぎ
P.78

マーガレットの
モチーフつなぎ
P.86

マーガレットの
モチーフつなぎの
バッグ
P.90

CROCHET QUESTIONS & ANSWERS

テクニック

モチーフつなぎのバリエーション　　P.70
　細編みと鎖編みでつなぐ　　P.72
　半目拾って引き抜き編みでつなぐ　P.74
　巻きかがりでつなぐ　　P.76

CONTENTS 目次

編んでみよう　あみぐるみ

くまの
あみぐるみ
P.98

うさぎの
あみぐるみ
P.104

編んでみよう　バッグ

フリル
ポシェット
P.116

スカラップ
バッグ
P.124

テクニック

あみぐるみのテクニック	P.108
絞りどめ	P.108
頭と胴のつなぎ方	P.110
マズルのつけ方	P.111
手足のつけ方	P.112
ⓠ きれいな形に仕上がる 　中綿の詰め方は？	P.113
ⓠ サイズを変えて 　編みたいときは？	P.114
ⓠ 白い糸を編んでいると糸が 　汚れてしまうのですが……	P.115

テクニック

ⓠ パプコーン編みを 　ふっくら仕上げるには？	P.119
ⓠ 引き揃え編みに挑戦したい！ 　おすすめの糸の組み合わせは？	P.122
ⓠ 編んだバッグに物を入れる 　と伸びてしまいます。 　どうしたらいい？	P.128

糸のこと、道具のこと
ハマナカさんに聞いてみた

- #01 ロットが違うと何が変わるの？　P.14
- #02 ラベルに棒針のサイズしか書かれていないときは？　P.15
- #03 きれいが長持ちする仕上げと洗濯の方法は？　P.53
- #04 買い足したい毛糸が廃盤に……。代わりの糸はどう選ぶ？　P.96
- #05 編みやすい糸ってどんな糸？　P.97
- #06 あみぐるみにおすすめの糸は？　P.103
- #07 作ったあみぐるみのお手入れの方法は？　P.107
- #08 エコアンダリヤの仕上げ＆お手入れ方法は？　P.130
- #09 エコアンダリヤはほどいて再利用できる？　P.131
- #10 ほどいてクセのついた毛糸。元に戻すには？　P.132
- #11 糸はどうやって保管するのがいいの？　P.133

主な編み目記号と編み方　P.134
INDEX　P.142

ハマナカ株式会社

手編み用の糸、針をはじめ、手芸用品の企画・製造・卸を行う老舗メーカー。オンラインショップ「ハマナカ商店」で商品を購入することができる。また、情報サイト「あむゆーず」では編み物の無料レシピや編み方動画を紹介している。

ハマナカ商店

あむゆーず

じゃあまずは基礎のおさらいから！

REVIEW OF BASICS
基礎のおさらい

まずは、かぎ針などの道具や糸の種類、編み図の見方やゲージの測り方など、かぎ針編みの基礎をおさらいしましょう。

道具のこと

かぎ針

さまざまな素材、サイズ、形があります。糸の太さや使い心地で選びましょう。

金属製（片かぎ針） 糸のすべりがよく編みやすいのが特徴。

アミアミ片かぎ針 6/0（H250-550-6）

グリップつき（両かぎ針） 持ちやすく、長時間使っても疲れにくい。

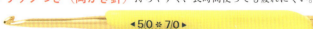

アミアミ両かぎ針ラクラク 5/0-7/0（H250-510-5）

竹製（片かぎ針） ナチュラルな質感が魅力。

アミアミ竹製かぎ針 No.6（H250-400-6）

▶ 素材	▶ 形	▶ サイズ
金属製が多く、竹製や、プラスチック製のものもあります。	両側に号数の違うかぎがついているものを両かぎ針、片側だけのものを片かぎ針といいます。また、持つ部分にグリップがついたタイプもあります。	太さは号数で表され、数字が大きいほど太くなります。かぎ針は 2/0 号から 10/0 号までで、2/0 号よりも細いものはレース針、10/0 号よりも太いものはビッグ針などと呼ばれます。

 細い ←――――― かぎ部分の大きさの目安 ―――――→ 太い

レース針	かぎ針	ビッグ針

〜0号（1.75mm）	2/0号（2.0mm）〜10/0号（6.0mm）	15mm、20mm など

REVIEW OF THE BASICS
Needle & Tools

あると便利な道具

スムーズに編み進めるために、また、きれいに仕上げるために役立ちます。

道具も集めたくなっちゃうよね

基礎　道具のこと

メジャー
ゲージを測るとき、サイズを確認するときに使用。

はさみ
糸を切るときに使用。先が細い手芸用が便利。

段目リング
編み目に引っかけて、段や目の目印に使用。
段目リング（H250-708）

毛糸とじ針
糸始末に使用。一般的な縫い針よりも太く先が丸い。
毛糸とじ針（3本セット）（H250-724）

まち針
編み地をとめるときに使用。先が丸い編み物用もある。

仕上げピン
先の曲がったピン。アイロンがけで編み地を固定するのに便利。
アイロン仕上げ用ピン（H250-714）

11

基礎のおさらい

糸のこと

▶ 太さ 極細、並太、超極太などの基準は、メーカーによって違ったり、記載していなかったりすることも。下記はあくまでも目安として、使用する針はラベルで確認しましょう。

糸の種類		糸の太さ	適した針のサイズ
ハマナカ　ティノ		極細	2/0 号
ハマナカ　純毛中細		中細	3/0 ～ 4/0 号
ハマナカ　アメリーエフ《合太》		合太	4/0 ～ 5/0 号
ハマナカ　アメリー		並太	5/0 ～ 6/0 号
ハマナカ　アメリーエル《極太》		極太	7/0 ～ 10/0 号
ハマナカ　ソノモノ《超極太》		超極太	8/0 ～ 10/0 号

▶ 素材 一般的に、秋冬用はウールやアクリル、春夏用はコットンやリネンなどです。複数の素材を混紡したものも多くあります。

ウール
羊毛が原料。保温性が高く、秋冬のウエア作品に最適。

アクリル
あたたかみある化学繊維。ウールとアクリルの混紡も多い。

コットン
洗濯しやすいため、ベビー用や春夏のウエア作品などに適している。

リネン
さらりとした質感。夏のバッグや帽子などのアイテムにも使われる。

REVIEW OF THE BASICS
Yarn

▶ 種類　糸のタイプにより、編みやすさや仕上がりの雰囲気が変わります。

基礎　糸のこと

ストレートヤーン
太さが均一でまっすぐ。初心者でも編みやすい。

ループヤーン
糸の表面にくるくると輪っかができた糸。

スラブヤーン
ランダムに節状の太い部分がある糸。

モヘアヤーン
モヘヤはアンゴラ山羊の毛のこと。毛足が長い。

リリヤーン
糸そのものが、さらに細い糸で筒状に編まれている。(P.97参照)

**グラデーション糸
マルチカラー糸**
1本の糸をグラデーションやさまざまな色で染めたもの。

ラベルの見方

糸に関する大切な情報が記載されています。購入時にしっかり確認し、1枚は保管しておきましょう。

色番号／ロット
ロットは、糸を染色する際の釜を表す記号。(P.14参照)

素材
糸の素材、混率を記載。

商品名

適合針
この糸に適した針の号数。(P.12・15参照)

重さ／長さ
1玉当たりの重量と糸の長さ。糸の太さを比較する目安にもなり、同じ重さの糸玉の場合、糸長が長いほうが糸は細い。

取り扱い方法
洗濯やアイロンなどお手入れの方法についてマークで表示。(P.53参照)

標準ゲージ
適合針で編んだ編み地10cm四方に入る目数と段数。(P.20参照)

13

Column

糸のこと、道具のこと

ハマナカさんに聞いてみた

#01 ロットが違うと 何が変わるの？

回答 **微妙な色の違いが出ることがあります。**

糸のラベルを見ると、色番号の近くに「ロット　A」のような表示があります。ロットの記号は、糸の色を染めた釜を表しています。"同一釜での染色品"もしくは"同時染色と同じくらい色が近いグループ"を意味します。

糸を染色するとき、コンピューター制御で染料の調合や染色条件をその色の「基準」に合わせても、染色を繰り返すたびに微妙な色差が生じてしまいます。そのため、同一色のものを識別できるように、ロットを表示しているのです。

ロットが違う糸を編みつなぐと、色の差が目立つことがあります。それを避けるためにも、糸をつなぐときには、極力同じロットのものを使用しましょう。

0071-847 **C**

色番 **847** ロット

4 522017 486340

同じ色を複数玉購入するときや持っている毛糸を
買い足すときは、必ずロットを確認して

Question for Hamanaka

#02 ラベルに棒針のサイズしか書かれていないときは？

コラム　ハマナカさんに聞いてみた

回答 | 棒針の適合針よりも
1号細いかぎ針がおすすめです。

糸のラベルには、できるだけかぎ針と棒針どちらの適合針も表記するようにしていますが、糸によっては、かぎ針の適合針が記載されていない場合があります。例えばループヤーンのように目や段がわかりづらい糸などです。
その場合、まずは棒針の適合針の号数より1号細いかぎ針を使ってみてください。仮に、棒針の適正が5号なら、4/0号のかぎ針です。もちろん糸の形状にもよるため、あくまでも目安として参考にしてください。

「ハマナカ　ボニー」という毛糸の場合、最も適した針のサイズは7.5/0号です。一般的なかぎ針は1/0号刻み。そのためハマナカでは、「ハマナカ　ボニー」に最適な専用針（アミアミ両かぎ針7.5/0-9/0号、片かぎ針7.5/0号）を用意しています。

特定の糸専用の針もあるんだって！

基礎のおさらい

編み図のこと

編み目記号と編み図の見方

編み目記号は、1つの編み方を1つの記号にして表したもの。編み目記号を組み合わせて、作品の編み地を表したものを編み図といいます。編み図は表から見た状態を表しています。

平編みの場合

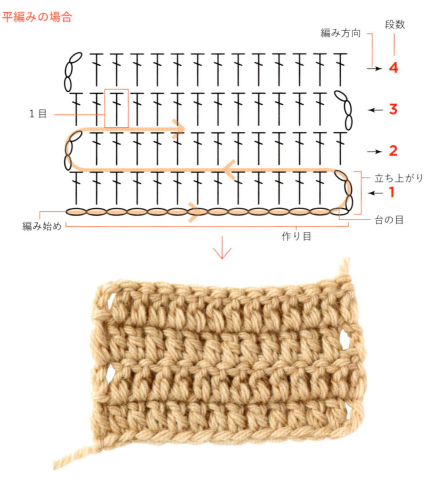

平編みでは、1段ずつ下から上に向かって、編み地の表裏を返しながら往復するように編んでいきます。奇数段は編み地の表を見ながら、偶数段は裏を見ながら編みます。

REVIEW OF THE BASICS
Crochet pattern

基礎 編み図のこと

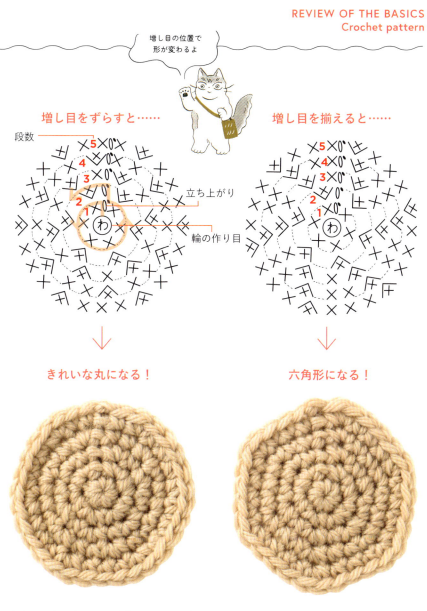

増し目の位置で形が変わるよ

増し目をずらすと……

段数
立ち上がり
輪の作り目

増し目を揃えると……

↓

きれいな丸になる！

↓

六角形になる！

中心からぐるぐると一方向に、外側に向かって編みます。増し目の位置を段ごとに変えると、増し目が目立たずきれいな丸に近づきます。

中心からぐるぐると一方向に、外側に向かって編みます。すべての段で、同じ6か所で増し目をすると、その部分が角の六角形になります。

基礎のおさらい

編み図のこと

編み図からわかる情報

編み図には、編み目記号以外にもいろいろな情報が書かれています。

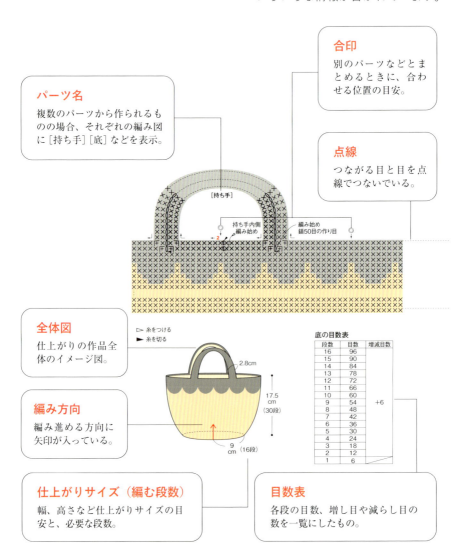

パーツ名
複数のパーツから作られるものの場合、それぞれの編み図に［持ち手］［底］などを表示。

合印
別のパーツなどとまとめるときに、合わせる位置の目安。

点線
つながる目と目を点線でつないでいる。

全体図
仕上がりの作品全体のイメージ図。

編み方向
編み進める方向に矢印が入っている。

仕上がりサイズ（編む段数）
幅、高さなど仕上がりサイズの目安と、必要な段数。

目数表
各段の目数、増し目や減らし目の数を一覧にしたもの。

REVIEW OF THE BASICS
Crochet pattern

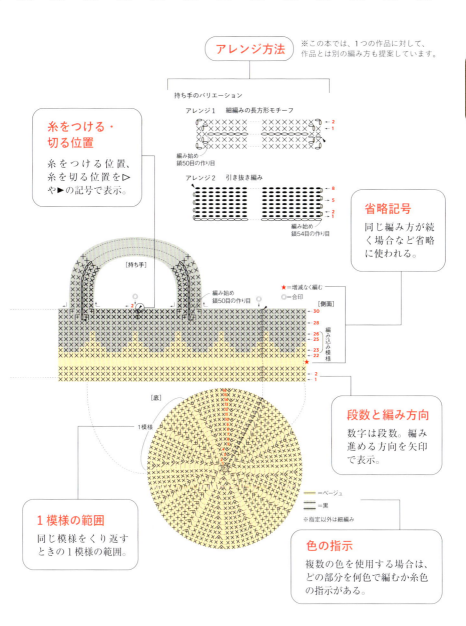

基礎のおさらい　# サイズのこと

ゲージとは

ゲージとは、一定寸法中の編み目の数を表したもの。編みたいサイズに仕上げるための基準になります。通常は、10cm四方の目数・段数が表示されています。作品を編む前に、使用する糸と針で15〜20cm四方の試し編みをし、ゲージを測ります。レシピに掲載されているゲージの目安と比べて、針の号数や目数・段数を調整します。

面倒？でも、理想のサイズに仕上げるために大切なのだ！

目を数える

段を数える

ゲージの測り方

1 使用する糸とかぎ針を使い、指示通りの編み方で、15〜20cm四方程度を編みます。ゲージを測るのは10cm四方ですが、編み始めや左右の編み端は歪みやすいので、大きめに編んで中央部分を測ります。

2 ゲージを測るスタート地点（a）にまち針などピンを刺し、メジャーや定規を編み地と水平・垂直に当てて、aから10cmの地点（b）にもピンを刺します。

3 aとbの間の目数と段数を数えます。

REVIEW OF THE BASICS
Size

模様編みの場合は？

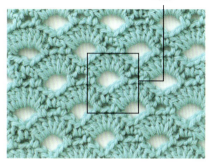

模様のデザインによっては、10cm四方の目数・段数を数えにくいものがあります。ゲージの欄には「1模様（○目○段）○cm×○cm」など、1模様辺りのサイズを記載している場合があるので、そのサイズを目安にしましょう。

モチーフの場合は？

モチーフ1つあたりのサイズで確認します。四角いモチーフなら縦横の長さ、丸いモチーフなら直径のサイズなどが目安になります。

基礎 / サイズのこと

─〈 POINT LESSON 〉─

ゲージが合わないとき

かぎ針の号数や手加減で調整します。針の号数で調整する場合、使用する糸の適合針と大幅に差がある針だと、糸割れや編みにくさの原因になるので、±1号程度で調整しましょう。

ゲージはあくまでも目安だから、気にしすぎずに大らかに！

標準ゲージよりも目数・段数が多いとき

編み目がきつめに仕上がっています。手加減をゆるめに編むように意識するか、1号太い針に変えてみましょう。

標準ゲージよりも目数・段数が少ないとき

編み目がゆるめに仕上がっています。手加減をきつめに編むように意識するか、1号細い針に変えてみましょう。

それでもゲージが合わないときは？

下の計算式で、仕上がりサイズに必要な目数・段数を割り出すこともできます。

自分のゲージの目数（または段数）×（仕上がりサイズ÷10）＝必要な目数（または段数）

ただし編み込みや模様編みの場合は、柄に合う目・段数になるとは限りません。サイズ通りに仕上げたいなら、標準ゲージに近い糸を選びましょう。

基礎のおさらい

サイズのこと

同じ編み図でも、糸と針でこんなにサイズが変わります

中細 × 3/0 号
↓ ハマナカ 純毛中細

合太 × 4/0 号
↓ ハマナカ アメリーエフ《合太》

並太 × 6/0 号
↓ ハマナカ アメリー

極太 × 10/0 号
↓ ハマナカ アメリーエル《極太》

この編み図で編みました

「グラニースクエアのモチーフつなぎ」（P.56）の1段めを、いろいろな太さの糸と針で編んでみました。

※写真はほぼ実寸です。
※針は、それぞれの糸の適合針を使用しています。

REVIEW OF THE BASICS
Size

基礎

サイズのこと

← 超極太 × 10/0 号
　ハマナカ　ソノモノ《超極太》

針だけ細くすると
↓

同じ糸でも
針でサイズが変わる！

← 超極太 × 8/0 号
　ハマナカ　ソノモノ《超極太》

BASIC TECHNIQUES
基本の
テクニック

基本的な編み方から確認していきましょう。作り目と立ち上がり、円や筒の編み方、編み込みのバリエーション、仕上げのしかたなどで、悩みがちなポイントをおさらいします。

まずは作り目と立ち上がり

鎖編みの作り目と立ち上がり（細編み）

平編みの基本、鎖編みの作り目と立ち上がりをおさらい。

1

鎖編みの作り目と、立ち上がりの鎖1目を編んだところ。

2

作り目の最後の目の鎖の裏山を拾う。

3

針に糸をかけて、2つのループを一度に引き抜く。

4

細編み1目が編めたところ。

かぎ針の持ち方もおさらい

親指と人差し指で軸をもち、中指を添えます。

POINT LESSON

立ち上がりの目数と次に拾う目

「立ち上がり」とは、段の始めに編む鎖編みのこと。その段で編む編み目の高さに合わせて、立ち上がりの鎖の目数を変えます。
細編みでは立ち上がりの鎖は1目とは数えませんが、中長編み以上の高さの目では作り目の最後の目が「台の目」となり、立ち上がりの鎖を1目として数えます。

		立ち上がりの目数	次に拾う目
✕ 細編み		鎖1目	立ち上がり1目
┃ 中長編み		鎖2目	1回巻く／立ち上がり2目／台の目
┳ 長編み		鎖3目	1回巻く／立ち上がり3目／台の目
┳ 長々編み		鎖4目	2回巻く／立ち上がり4目／台の目

テクニック　鎖編みの作り目と立ち上がり

作り目のギモン

Q 作り目の裏山が拾いにくいです。うまく拾う方法は？

A 作り目だけ太い針で編んでみましょう

鎖編みの裏側を見ると、中央にぽこぽこと糸が盛り上がっています。これが「裏山」です。1段めを編むとき、裏山だけを拾って編むと、編み上がりは鎖がきれいに残ります。作り目がきついと裏山が拾いにくいので、指定より1号太いかぎ針で編んでみてください。ほどよくゆるい作り目になります。立ち上がりの目を編むところで指定の針に持ちかえるのを忘れずに。

鎖編みの表側

鎖編みの裏側

裏山

※わかりやすいように裏山部分の色を変えています。

裏山の拾い方

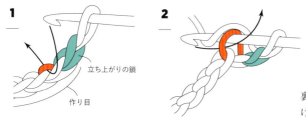

裏山に針を入れ、糸をかけて引き抜きます。

2つの方法を試してみて

 鎖の半目と裏山を拾ってみましょう

鎖の半目と裏山を一緒に拾う方法は、裏山だけより拾いやすく、編み地もしっかりします。編み上がりは鎖の半目だけ残りますが、あとで縁編みをする場合などは見えなくなるのでおすすめの方法です。

裏山だけを拾って細編みを編むと…

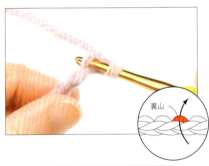

横から見たところ

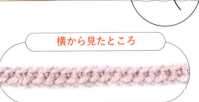

下から見たところ

裏山と半目を拾って細編みを編むと…

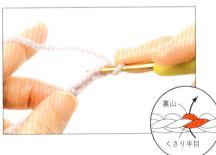

横から見たところ

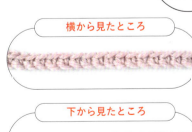

下から見たところ

テクニック 作り目のギモンQ&A

輪の作り目から円を編む

指に糸を巻いて輪を作り、1段めを編み入れます。

1

左手の人差し指、または人差し指と中指に、糸端を2回巻きつける。

2

巻いた糸を、輪が崩れないようにつまんで、指から抜き取る。

3

糸を抜いたところ。糸の交差する部分をしっかり押さえておく。

4

輪を左手に持ち替えて、輪の中に針を入れ、糸をかけて引き出す。

5

さらに針に糸をかけ、**4**でかけた糸から引き抜く。

6

糸を引き抜いたところ。
※目数には数えない。

7

立ち上がりの鎖1目と細編みを1目編んだところ。

8

1段めの細編み6目を編み終えたところ。

9
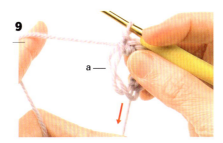

糸端を軽く引く。輪の2本の糸のうち1本(a)が動く。

10

次に動いた糸aの糸端側を引いて、もう1本の糸bの輪を締める。

11

bの輪が締まったところ。

12

もう一度糸端を引いてaの輪を締める。

13

輪が締まったところ。

14 1目めの頭

7で編んだ1目めの頭に針を入れて糸をかける。7で編んだときに段目リングをつけておくと目がわかりやすい。

15

一度に引き抜いて、1段めが編み終わったところ。

この作品で編んでみよう

スカラップバッグ → P.124

― POINT LESSON ―

段目リングを使おう

円を編むとき、段の最後に拾う目（1目めや立ち上がりの目）がわかりにくくなりがちです。1目めや立ち上がりを編んだときに段目リングをつけておくと、拾う位置がわかりやすくなります。

30

引き抜く目のギモン

Q 円や筒を編むとき、段の最後にどの目を拾うか迷います

A 1目めの頭を拾うのが基本です

円や筒で段の編み終わりで拾う目は、その段の1目めの頭2本です。ただし、編み方によって気をつける必要があります。細編みの場合、立ち上がりの目を1目に数えないので、立ち上がりの次の目を1目めとして、その頭を拾います。中長編みや長編み、長々編みは、立ち上がりを1目として扱うので、立ち上がりの鎖の最後の目を拾います。また、頭2本ではなく半目と裏山だけ拾う方法もあります（P.37参照）。

円の1段めの最後

細編みの場合

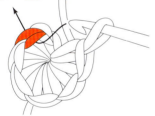

最初の細編みの頭2本を拾う。

筒の1段めの最後

細編みの場合

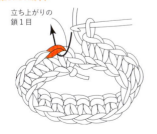

最初の細編みの頭2本を拾う。

長編みの場合

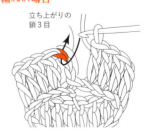

立ち上がり3目めの頭2本を拾う。

鎖の作り目から円を編む

鎖を編みつないで輪を作り、1段めを編み入れます。
※1段めが細編みの場合。

1

編み図の目数分、鎖編みを編む。

2

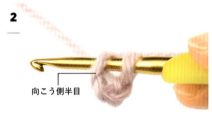

1目めの鎖の向こう側半目と裏山を拾う。

3

糸をかけて引き出す。

4

糸を引き出して、鎖編みの輪ができたところ。

5

立ち上がりの鎖を1目編む。

6

作り目の輪の中に針を入れ、細編みを編む。

1段めは輪にした鎖は
まるごと拾って編むよ

細編みを1目編んだところ。

1段編み終えたところ。

テクニック

鎖の作り目から円を編む

この作品で編んでみよう

グラニースクエアの
モチーフつなぎ
→ P.56
※1段めは長々編み。

ハートの
モチーフつなぎ
→ P.58
※1段めは長編み。

〉 POINT LESSON 〈

オリジナルや
アレンジの参考に！

鎖の作り目の目数

鎖の作り目で円を編むときの目数は、1段めの目数によって決めます。

例えば　・1段めが8目のとき　→ 鎖4目を輪にする
　　　　・1段めが10目のとき → 鎖5〜6目を輪にする

ただし、ループヤーンなど引っかかりやすい糸を使う場合は、上記よりも目数を増やすと編みやすいです。糸に表情があるので、穴も目立ちません。

円の作り目のギモン

Q 円を編むときの「輪の作り目」と「鎖の作り目」の違いは？

A デザインや糸によって
向き不向きがあります

円を編むときの作り目には、主に2つの方法があります。「輪の作り目」は指に糸を巻いて輪を作ります。糸を引き絞って輪を小さくすることができます。「鎖の作り目」は鎖編みをつないで輪にします。輪が安定してゆるまないので、たくさんの目を編み入れるときにおすすめ。また、モールヤーンなどを使うときは、「輪の作り目」は糸を引き締めにくいので、「鎖の作り目」のほうが向いています。

輪の作り目
指に糸を2周巻きつけ、細編みで6目編み入れたもの。糸端を引くと、中心がしっかりと締まります。ただし、糸始末をきちんとしないと、中心がゆるむこともあります。

鎖の作り目
鎖6目の作り目に、細編み6目を編み入れたもの。中心は穴が開いた状態ですが、伸びにくいです。

楕円に編む

鎖編みを中心に両側から目を拾いながら編みます。

1

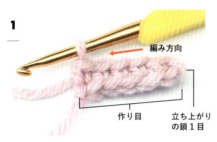

作り目をして細編みを左端まで編む。

2

編んだ目と同じところに針を入れ、細編みをもう1目編み入れる。

3

作り目を拾って細編みを編む。

4

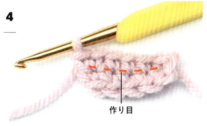

端まで編んだところ。

5

1段めの最後まで編んだら、1目めの頭に針を入れて針に糸をかけ、一度に引き抜く。

6

1段めが編めたところ。

筒に編む

鎖を編んで輪にしてから、筒状に編みます。

1

鎖の作り目を編み、1目めの裏山に針を入れる。

2

針先に糸をかけて引き出す。

3

輪になったところ。

4

1段め（この場合は細編み）を編み、1目め（最初の細編み）の頭2本に針を入れる。

5

針に糸をかけて引き出す。

6

2段めの立ち上がり（鎖1目）を編んだところ。

立ち上がりのギモン

Q 長編みで筒に編むと、立ち上がりの目がやけに目立つのですが……

A 立ち上がりの目を拾うとき、半目と裏山を拾っているのかも

筒に編むときは、段の編み終わりで立ち上がりの鎖編み3目めの頭2本を拾うのが基本の方法。立ち上がりの鎖編みがねじれ、長編みの目となじみます。他に、頭の向こう側半目と裏山を拾う方法もあります。この場合、立ち上がりの鎖編みは正面を向きます。立ち上がりの目が目立つと感じる場合はこの拾い方で編んでいるのかもしれません。立ち上がりは目立ちますが、拾いやすく、フラットに仕上がります。どちらの編み方にするかは、仕上がりのイメージに合わせて選びましょう。

鎖の頭の向こう側半目と裏山を拾うと…

立ち上がり3目めの頭の向こう側半目と裏山に針を入れたところ。拾いやすいが立ち上がりの鎖が目立つ。

長編みで、一方向に筒状に編んだもの

鎖の頭2本（全目）を拾うと…

立ち上がり3目めの頭2本に針を入れたところ。立ち上がりの目はなじむが、少し拾いにくい。

編み目のギモン①

Q 編み目が不揃いです。
きれいに揃えるコツは？

A 針の入れ方や毛糸の出し方に
注意するだけでも整います

目が不揃いになる原因は、針の動かし方が不安定だったり、糸が引っ張られたりゆるんだりしていることが考えられます。下の2つの解決策を意識して編んでみましょう。

解決策1　針を入れる深さを一定に

針は、針先が細く、持つ部分に近いところは太くなります。そのため、浅く入れると目はきつくなり、深く入れるとゆるくなる傾向が。針を差し入れる深さが不安定だと、目の大きさがバラバラになります。針の中ほどの部分まで入れることを意識して。

OK

NG　きつくなる

NG　ゆるくなる

解決策2　糸をたっぷり出しておく

糸玉から出ている糸の量が少ないと、編み進めるうちに糸が引っ張られて、編み目がきつくなっていきます。糸はたっぷりと出しておき、ピンと張らないようにこまめに引き出しましょう。左手のテンションを一定にすることが大切です。

OK

NG　きつくなる

編み目のギモン②

 編み目が斜行しない方法は？

 斜行は自然なことですが、
往復編みなどで解消します

かぎ針編みでは、筒に編むときなど同じ方向に編み進めていくと、編み目が右方向にずれていきます。これを「斜行」といいます。原因は、編み目の頭と足の位置がもともとずれているから。同じ方向に編み続けると斜行するのが当たり前で自然なことなので、あまり気にせず大らかな気持ちで編みましょう。
デザインに合わず目立ってしまうなど気になる場合は、下記の解決策を試してみてください。

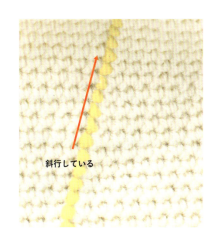

斜行している

 段ごとに編み方向を変える

筒に編むときは、表を見ながら一方向にぐるぐると編んでいくのが一般的ですが、斜行を解消するなら、段ごとに編み方向を変えて往復するように編んでみましょう。
ただし、この場合、表を見ながら編む→裏を見ながら編む→表を見ながら編む……と交互に編むことになります。そのため、表から見たときの編み地は、一方向に編んだときとは変わります。特に編み込み模様は柄の出方が変わるので注意しましょう。

 編み方向（左）を意識しながら編む

かぎ針編みは右から左に編みます。編み地は右方向に斜行するので、1目1目、編み進める左方向を意識して編みましょう。1段終えるごとに、最新段の編み地は左に、一番下の編み地を右方向にしごいて、編み地を整えてみてください。

編み込みの バリエーション

BRAIDED VARIATION

模様によって向いている技法が違うよ

複数色の糸を使って模様を編むときの糸の渡し方を紹介します。模様に合わせて、適した方法を選びましょう。

Technique 01　糸を段の端で渡す編み込み

2段ごとのボーダー柄のときの編み方です。段の端で糸を替え、休ませる糸はそのまま残しておきます。往復に編んで戻ってきたときに、休ませていた糸を縦に渡して、糸を変えます。編み地の厚さが変わらずすっきり仕上がりますが、奇数段のボーダー、広い幅のボーダーでは不向きです（P.43 参照）。

HOW TO → P.42

こんな作品に
・偶数段のボーダー柄

Technique 02　糸を横に渡す（編みくるむ）編み込み

休ませる糸を編み地に沿わせて、編みながらくるんでいく方法です。裏側も、糸が浮かずにきれいに仕上がります。くるんだ糸の分編み地が厚くなるので、1段に3色以上使用する場合は不向きです。

HOW TO → P.44

こんな作品に
・細かい柄のもの
・1段に2色までのもの

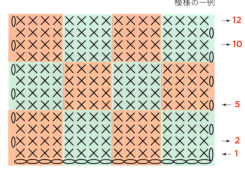

40

糸を渡すときは少しゆとりを持たせないと、つれたり、伸びにくくなったりするので注意して

テクニック / 編み込みのバリエーション

Technique 03　糸を縦に渡す編み込み

糸を替えるときに2つの糸を交差させ、編みくるまずに、裏側で縦に渡します。

HOW TO → P.46

こんな作品に
・縦じまなど縦に続く模様のもの
・大きな柄のもの

模様の一例

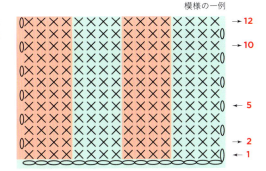

Technique 04　糸を裏に渡す編み込み

休ませる糸は編みくるまずに、裏側で横に渡します。あみぐるみ、内布がついたバッグなど、編み地の裏側が見えない作品におすすめです。

HOW TO → P.47

こんな作品に
・細かい柄のもの
・あみぐるみ、内布つきのバッグなど

模様の一例

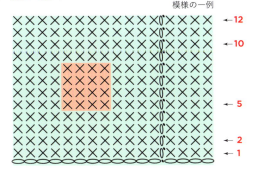

Technique 01

糸を段の端で渡す編み込み

2段ごとに色を変えるボーダー柄の場合は、編み地の端で糸を縦に渡して編みます。
※A色（写真ではピンク）とB色（写真では水色）を2段ずつ編む場合。

1 2段め［裏］

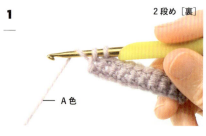

A色で2段めの最後の目。最後に手前から糸をかけたところでとめる。

2 2段め［裏］

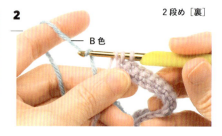

B色を針にかけて引き出す。

3 2段め［裏］

B色を引き出したところ。

4 3段め［表］

表に返して、3段めの立ち上がりと最初の目を編む。

5 3段め［表］

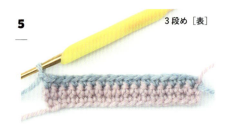

3段めを編み終えたところ。

6 5段め［表］

4段めもそのままB色で編み、1〜3と同じ方法でA色に替え、5段めの細編みを1目編んだところ。

編み込みのギモン①

Q 1段ごとのボーダー柄を編みたいときは？

A 休ませる糸を編みくるんで反対側に連れていきましょう

2段ごとのボーダーの場合、糸が編み地を往復して同じ側に戻ってくるので、P.46のように端で縦に糸を渡す編み方ができます。ですが1段の場合は行ったきりになるので、端で糸を渡すことができません。おすすめの方法は、休ませる糸を編む糸で編みくるみながら進み、2本一緒に反対の端まで連れていく編み方です。編みくるむ方法はP.44と同じです。

編みくるんで配色糸を連れていく編み方

1

ピンクの糸を休ませて、水色の糸で1段編み始めるところ。前段の頭に針を入れてピンクの糸も一緒にすくい、水色の糸を針にかけて引き出し、ピンク色の糸を編みくるんで編み進める（写真は細編み）。

2

1段編み終える最後の目。最後に糸をかけたまま、ピンクの糸を針にかけて引き出す。

3

水色を1段編み終え、ピンクの立ち上がりの目を編んだところ。

ボーダーの幅が広くなるなら、その都度糸をつけ替えるのがおすすめ！

Technique 02

糸を横に渡す（編みくるむ）編み込み

休ませる糸を、編む糸でくるみながら編み進めます。
※A色（写真では水色）とB色（写真ではピンク）を交互に編む場合。

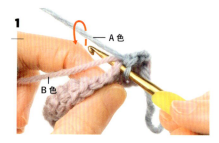

1 B色を休ませて、A色で編みくるむところ。編み地に針を入れるとき、B色も一緒にすくうように針を入れ、矢印のようにA色を針にかけて引き出す。

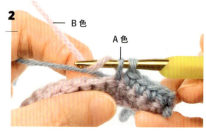

2 編む糸をA色からB色に替えるところ。A色の最後の目を編む途中、最後の引き抜きをするときに、B色を針にかけて引き出す。

3 B色を引き出したところ。

4 編み地に針を入れて、休ませるA色も一緒にすくい、B色を針にかけて引き出す。

5 B色を引き出したところ。

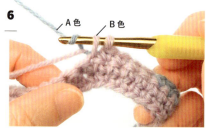

6 同様にB色で編み進めて、再びA色に替えるところ。B色の最後の目を編む途中、最後の引き抜きをするときに、A色を針にかけて引き出す。

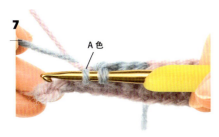
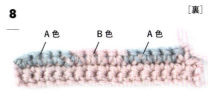

7 A色

A色で編み進めている途中（細編みの最後の引き抜きをする前）の糸の様子を上から見たところ。

8 ［裏］ A色　B色　A色

A色、B色、A色と交互に編み終えた裏側。糸が渡らずにきれいに仕上がる。

編みくるむときは1段に2色までがキホン！じゃないとゲージが変わってしまうよ！

テクニック｜糸を横に渡す（編みくるむ）編み込み

Technique 03

糸を縦に渡す編み込み

縦に続く柄のときには、糸を縦に渡して配色します。
※A色（写真ではピンク）、B色（写真では水色）、C色（写真では黄色）の縦模様を編む場合。

1 ［表］

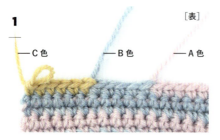

右からA色→B色→C色の順に配色し、1段編んだところ。

2 ［裏］

裏に返し、C色のまま編み進める。C色の最後の目は、最後に針に手前から糸をかけるところまででとめる。糸端は手前に流す。

3 ［裏］

C色の糸をかけたまま、B色を針にかけて一度に引き抜く。これで編み糸がB色に替わる。

4 ［裏］

同様にA色も編み、2段めを編み終えた裏側。

5 ［表］

4段めを編み終えたところ。

Technique 04

糸を裏に渡す編み込み

あみぐるみなど一方向に編むときは、糸を裏に渡す方法もあります
※地糸（写真ではグレー）に、配色糸（写真ではピンク）を編み込む場合。

1 ［表］

地糸の最後の目は、地糸で最後の引き抜きをせずに未完成の細編み（P.84 参照）にし、地糸を手前から針にかけてから、配色糸を針にかける。

2

配色糸を引き抜く。

3 ［裏］

裏側に糸が渡っているところ。

1段ごとに糸玉をつけずに配色できるよ

この作品で編んでみよう

うさぎのあみぐるみ → P.104

編み込みのギモン②

Q 編み込み模様を編んでいると、2本の糸がどんどんねじれます……

A 2本の糸の位置関係を常に一定にするとねじれません

地糸と配色糸を交互に編むような編み込み模様だと、編んでいるうちに地糸と配色糸がくるくるとねじれていってしまうことがあります。ねじれないようにするには、地糸と配色糸の位置関係が一定になるように意識して編むことです。

ただ、ねじれない糸の配置に気を使うあまり、編む力加減が不安定になったり編み目を間違えたりことも。それよりも、糸がねじれても気にしすぎずにときどき手をとめてねじれを元に戻す、くらいに大らかな気持ちで編むのがいいかもしれません。

糸がねじれない編み方の例 ※地糸（水色）と配色糸（ピンク）で細編みを編む場合。

・地糸（水色）は手前、配色糸（ピンク）は奥と、糸の位置関係を決める。
・地糸（水色）→配色糸（ピンク）に変えるとき、糸を交差させる。

配色糸→地糸に替えるとき

配色糸で未完成の細編みを編んだら、編みくるんでいた地糸を手前のまま持ち上げる。地糸に針をかけ2ループ引き抜く。

地糸→配色糸に替えるとき

ここで配色糸を手前にして持ち上げると糸がねじれるよ

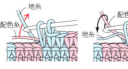

地糸で未完成の細編みを編んだら、編みくるんでいた配色糸を地糸の向こう側から持ち上げる。配色糸に針をかけ2ループ引き抜く。

編み込みのギモン③

Q 編み方を変えると模様の見え方も変わる？

A 細編みでもこんなに違います

下の3つの写真は、同じ編み込み模様を細編みで、編み方を変えて編んだものです。模様の輪郭の見え方が変わります。編み目の出方も違うので、作品に合わせて選びましょう。

細編みで往復に編んだもの
輪郭がギザギザして形がぼんやり見える。

細編みで輪に編んだもの
往復の細編みよりも形がはっきり見える。

細編みのすじ編みで輪に編んだもの
輪郭は普通の細編みよりくっきりする。

比べるとよくわかるね

糸結びのギモン

 糸の結び方のバリエーションは？

 編み地に合わせて「はた結び」や「かた結び」を

新しい糸に替えるとき、一般的には段の端や模様に合わせて替えて、あとでそれぞれの糸端をとじ針で編み地にくぐらせる方法が推奨されます。糸同士を結んでつなぐと、結び目が編み地に響くことがあるからです。ただ、しっかり強度を出したいときなどは、糸を結ぶのもよいでしょう。結び目が小さく編み地への影響が少ないのが「はた結び」。強度を優先するなら「かた結び」ですが、結び目は大きくなります。

はた結び

編み物でよく使われる方法です。結び目が小さく、編み地に響きにくいです。

HOW TO → P.51

かた結び

「本結び」「真結び」とも呼ばれる方法です。2本の糸端を持ち、交差させて1回絡め、次は反対向きに1回絡めて、糸端を引きます。

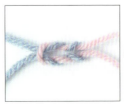 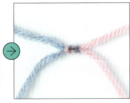

かた結びのアレンジ

かた結びで糸を絡めるとき、2回ずつ絡める方法です。

はた結びの結び方

1

左手人差し指の上で糸2本を交差させる。

2

交差した部分を親指で押さえながら、下になっているほうの糸を持ち、図のように糸をかける。

3

そのまま親指に巻くように糸を引く。

4

もう1本の糸の糸端を輪の中に押し込み、左手の親指を外す。

5

それぞれの糸端を持ち、四方に引いて結び目を締める。

6

結んだところ。

糸始末のギモン

Q 糸始末で糸をくぐらせる方向は？

A 編み方向とは逆方向にくぐらせましょう

糸始末は、編み地の表に響かないように、裏を見ながら行います。糸端をとじ針に通して、編み方向とは逆側に向けて、編み地にくぐらせていきます。このとき、途中で方向を変えると編み地の伸縮性が悪くなるので、一方向で。糸にもよりますが、約2cmくぐらせれば大丈夫です。また、複数の糸を使っている編み地の場合は、表に響かないよう同じ糸のところに入れましょう。

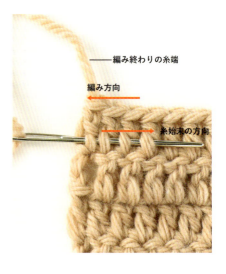

- 編み終わりの糸端
- 編み方向
- 糸始末の方向

POINT
- ・編み方向とは逆方向
- ・方向は変えず、一方向に
- ・同じ糸にくぐらせる

糸端が短いときは？

糸端が短く、とじ針を使うと編み地に通せない、というときには、とじ針を先に編み地にくぐらせておいてから、糸を針穴に通します。とじ針を引くと、糸が編み地に通ります。

52

Column　　　　　　　　　　　　　　　　　　　　Question for Hamanaka

糸のこと、道具のこと
ハマナカさんに聞いてみた

＃03 きれいが長持ちする仕上げと洗濯の方法は？

コラム ハマナカさんに聞いてみた

回答｜まずはラベルを確認し、手順を参考に行いましょう

編み物作品の基本的な仕上げ、お手入れの方法は右に記した通りです。ただ、糸の素材は、ウールや綿などの天然繊維、ナイロンやアクリルなどの化学繊維、また複数の素材の混紡などさまざまです。素材によって水や熱に弱いものがあり、注意が必要なので、糸のラベルに記載されている「お取り扱い方法」を必ず確認して行いましょう。

お取り扱い表示の一例

洗濯
・手が書かれているものは手洗い推奨
・×は家庭での洗濯は不可
・数字は水温の限度

漂白
・×は漂白剤の使用禁止

タンブル乾燥
・×はタンブル乾燥禁止

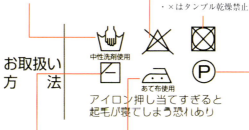

自然乾燥
・横線は平干し推奨
・斜めの線は日陰推奨

アイロン
・絵の中の「・」「‥」「…」は温度「低」「中」「高」
・×はアイロン禁止

ドライクリーニング
・「P」はパークロロエチレン及び石油系溶剤によるドライクリーニング可
・×はドライクリーニング不可

仕上げと洗濯の方法は次のページで解説します

Column

糸のこと、道具のこと
ハマナカさんに聞いてみた

#03 きれいが長持ちする仕上げと洗濯の方法は？

仕上げのPOINT

スチームで編み目と形を整える

仕上げをしておくと、あとで洗濯をしても型崩れしにくくなります。複数のパーツをまとめて完成する作品の場合は、まとめる前のパーツで整えましょう。

① 編み地を裏側にして、仕上がりサイズに合わせてピンを打ちます。

サイズに合わせて、端にピンを打つ。　　間にもピンを打つ。　　ピンが約1cm間隔になるまで間に打つ。

② 乾いた布で当て布をして、アイロンを浮かせてスチームだけをあてます。

③ しっかり冷ましてから、ピンを外します。

※ナイロンやアクリルは、一度繊維が溶けると元に戻りません。設定温度に充分注意して、絶対に直接アイロンをあてることは避けてください。

Question for Hamanaka

コラム ハマナカさんに聞いてみた

洗濯の POINT

洗う前にサイズを測っておくと安心！

洗いからすすぎまで手早く

デザインにもよりますが、水洗いができる糸の場合は、基本的に家庭でお洗濯が可能です。型崩れや風合いの変化を防ぐため、下記を参考にお手入れしましょう。

① ぬるま湯（30℃以下）に中性洗剤を溶かし、押し洗いします。目安はセーターで 30 〜 40 回程度。

② 軽く脱水し、ぬるま湯で 2 回すすぎます。

③ 柔軟仕上げ剤を入れたぬるま湯に約 3 分間つけます。

④ タオルでくるんで水気を取り、1 分程度脱水します。

⑤ すのこや平干しのネットなどの上で形を整え、陰干しします。

⑥ しっかり乾いたら、スチームアイロンで仕上げます。

55

LET'S KNIT
編んでみよう

紹介したかぎ針編みのテクニックを、作品づくりで実践してみましょう。

グラニースクエアのモチーフつなぎ

HOW TO
半目の引き抜き編みでつなぐ
→ P.74

A

B

GRANNY SQUARE

長々編みをベースにしたシンプルなモチーフつなぎ。引き抜きとじは、裏を見ながらつなげばすっきりと、表を見ながらつなげばデザインのポイントになります。

Design by 奥住玲子

配色×配置の
アレンジも楽しい！

グラニースクエアの モチーフつなぎ

材料／道具
糸：ハマナカ アメリー
　　濃ブルー（47）……………… 10g
　　ブルーグレー（37）………… 8g
　　ピンク（7）………………… 7g
　　オレンジ（4）……………… 6g
　　生成り（20）………………… 6g
　　濃ピンク（32）……………… 4g
針：かぎ針 5/0 号

サイズ
モチーフ1枚の大きさ：約12cm角
4枚つないだでき上がりサイズ：
縦約 24cm ×横約 24cm

編み方　→ つなぎ方は P.74 参照
1　モチーフは、配色表を参照しAを2枚、B を2枚編む。
2　A2枚、B2枚が対角になるようにつなぐ。

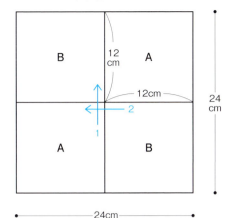

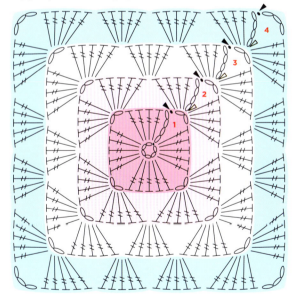

配色表

段数		モチーフA	モチーフB
4		濃ブルー	ブルーグレー
3		生成り	オレンジ
2		ピンク	ピンク
1		濃ピンク	濃ピンク

モチーフのつなぎ方　（P.74参照）

※鎖は外側半目を拾う

ハートの
モチーフつなぎ

ハートモチーフにスカラップの縁編みがラブリー！ 細編みでつなぐことで、つなぎ目がきれいに立ち上がります。

Design by 奥住玲子

HOW TO
細編みと鎖編みでつなぐ
→ P.72

立体的なつなぎ目がアクセントに！

ハートのモチーフつなぎ

材料／道具
糸：ハマナカ アメリーエフ《合太》
　　生成り（501）……………… 12g
　　赤（509）………………… 6g
　　チャコール（526）………… 6g
針：かぎ針 4/0 号

サイズ
モチーフの大きさ：一辺約 9cm の正方形
モチーフつなぎのでき上がりサイズ：
　縦約 23cm ×横約 23cm

編み方 → つなぎ方は P.72 参照
1 モチーフを4枚編む。
2 モチーフ4枚をつなぐ。
3 縁編みを編む。

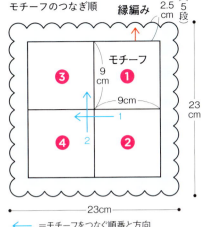

モチーフのつなぎ順　縁編み

まとめ方

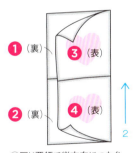

①モチーフを図のように外表に合わせ、長編みの頭同士を拾ってつなぐ

②同じ要領で縦方向につなぐ

③縁編みを編む

モチーフ 4枚

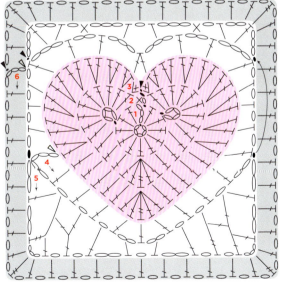

配色　―＝生成り
　　　―＝赤
　　　―＝チャコール

▷ 糸をつける
▶ 糸を切る
⌒ 糸を渡す

59

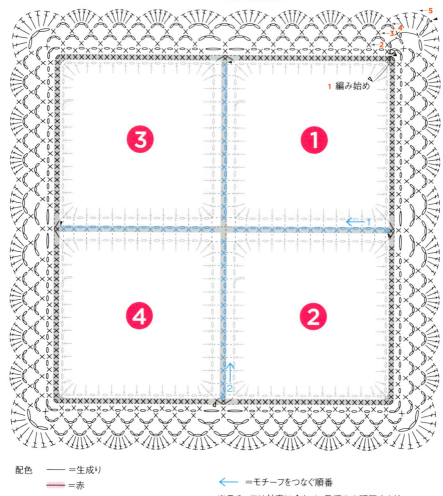

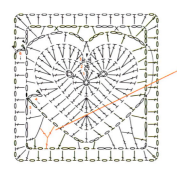

5段め
逆Y字編み

アルファベットのYを逆にしたような編み目です。

1

針に糸を2回かけ、6目前の長々編みの足を束に拾い、針に糸をかける。

2

糸をかけて引き出したところ。矢印のように針に糸をかけて、未完成の長編み(P.84)を編む。

3

未完成の長編みの状態。

4

さらに針に糸をかけ、4段めの鎖を束に拾い、糸をかけて引き出す。

5
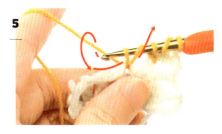

糸をかけて引き出したところ。矢印のように針に糸をかけて、未完成の長編みを編む。

6

針に糸をかけて2つのループを一度に引き抜く。

さらに針に糸をかけて、2つのループを一度に引き抜く。

針に糸をかけて、最後に残った2ループを一度に引き抜く。

トリッキーな編み方に見えるけど編んでみるとクセになるかも!?

「束に拾う」のギモン

Q　「束に拾う」って どういうことですか？

A　目全体を拾って編むことです

「長編み2目編み入れる」など複数の目を編み入れる編み目記号では、記号の根元部分がくっついているものと離れているものがあります。根元部分が離れているときの編み方を「束に拾う」「束に編む」といいます。

〈 POINT 〉

根元部分がくっついているものは、同じ目に針を入れて編みます。「2目編み入れる」なら同じ目に2目編み入れます。

根本部分が離れているものは、拾う目（主に前段の鎖編み）の下の空間に針を入れて、目全体をそっくりすくうようにして編みます。「2目編み入れる」なら同じ空間に2目編み入れます。

目に編み入れる（長編み2目編み入れる）

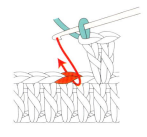

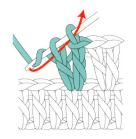

束に拾う（長編み2目編み入れる）

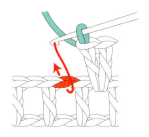

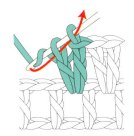

アネモネの
モチーフつなぎ

HOW TO
巻きかがりでつなぐ
→ P.76

輪の作り目の芯糸を10回巻くと、存在感ある花芯に。カラフルな配色にしたり地色を1色にしたり、お好みの配色をみつけて。

Design by 奥住玲子

ANEMONE

A

B

とじ針を使って
つなぐよ

アネモネのモチーフつなぎ

材料／道具
糸：ハマナカ アメリー
　　ペールブルー（10）………… 9g
　　濃グレー（30）…………… 4g
　　黒（24）…………………… 4g
　　ベージュ（23）…………… 2g
　　紫（44）…………………… 2g
針：かぎ針 5/0 号

サイズ
モチーフの大きさ：一辺約 7.5cm の正方形
モチーフつなぎのでき上がりサイズ：
縦約 15cm ×横約 15cm

編み方　　　　　→つなぎ方は P.76 参照
1　モチーフは、配色表を参照しAを2枚、Bを2枚編む。
2　A2枚、B2枚が対角になるようにつなぐ。

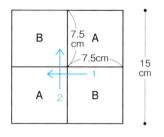

モチーフのつなぎ方

← ＝モチーフをつなぐ順番と方向

※モチーフは外表に合わせ、外側半目同士を濃グレーでとじ合わせる

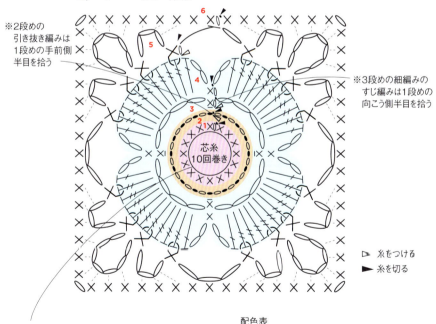

モチーフ　A・B…各2枚

※2段めの引き抜き編みは1段めの手前側半目を拾う

※3段めの細編みのすじ編みは1段めの向こう側半目を拾う

▷ 糸をつける
▶ 糸を切る

※作り始めの輪は糸を小指の先に10回巻いて芯にする（P.66参照）

配色表

段数	モチーフA	モチーフB
5・6	濃グレー	黒
3・4	ペールブルー	
2	ベージュ	
1	紫	

編んでみよう

アネモネのモチーフつなぎ

作り目・1段め

輪の作り目（P.28）を参考に編み始めます。

*わかりやすいように段ごとに糸の色を変えています。

1 10回巻く

左手の小指に糸端を10回巻く。

2

指から糸を抜き、輪の中に針を通して糸をかけて引き抜き、立ち上がりの鎖を1目編む。

2段め

引き抜き編みと鎖編みを交互に編みます。

*わかりやすいように段ごとに糸の色を変えています。

3

2段めは、糸を変える。引き抜き編みは1段めの手前半目を拾う。

4 鎖1目／引き抜き編み／引き抜き編み

手前半目を拾う引き抜き編みと鎖編みを交互に編む。

3段め

花びらの土台を作ります。

5
3段めの編み始め。糸を変えて1段めの向こう側半目を拾う。

6
立ち上がりの鎖1目と細編みのすじ編みを編む。

7
鎖を4目編む。

8
1段めの5目めの向こう側半目を拾い、細編みのすじ編みを編む。

9
鎖4目、細編みのすじ編みをくり返し、3段めを編み終えたところ。

1段めの頭に、2段めと3段めを編みつけるよ

4段め

花びらを編みます。

*わかりやすいように3段めと糸の色を変えていますが、同じ色で編むと、3段めが目立ちません。

4段めの編み始め。立ち上がりの鎖1目と細編み1目を編んだところ。

鎖を2目編み、3段めの鎖4目のループを束に拾う。

長編みを編む。続けて同じループに長々編み9目、長編み1目編む。

鎖2目編み、3段めの細編みを拾って細編みを編む。花びらが1枚できたところ。

4段めを編み終えたところ。

5・6段め

花びらの外側の枠を編みます。

裏を見て、4段めの長々編みを束に拾う。

細編みの裏引き上げ編み1目編んだところ。

指定の目数鎖を編む。4段めの長々編みに、細編みの裏引き上げ編みを編みつけながら、編み進める。

5段めを編み終えたところ。

6段めの細編みは、5段めを束に拾って鎖をくるむように編む。

6段めを編み終えたところ。

編んでみよう　アネモネのモチーフつなぎ

VARIATION OF MOTIF CONNECTING
モチーフつなぎのバリエーション

同じモチーフでも仕上がりの印象が変わるね

モチーフのつなぎ方にはいろいろな方法があります。
ここでは、奥住先生おすすめのつなぎ方について、特徴を紹介します。

Technique 01　編んでから細編みと鎖編みでつなぐ
HOW TO → P.72

\ 斜めから見ると /　\ 裏から見ると /

引き抜きとじでつなぐと目の頭がモチーフの片側に寄りますが、細編みでつなぐと2枚のモチーフの中央に目の頭が揃います。

Technique 02　編んでから半目拾って引き抜き編みでつなぐ
HOW TO → P.74

\ 裏から見ると /

モチーフを中表に合わせて半目拾って引き抜き編みでつなぐと、裏にすじが出た状態でつながります。すじは一方向に傾きます。

モチーフ4枚を編んでからつなぐとき

モチーフつなぎは、モチーフを編んでからつなぐ方法と、編みながらつなぐ方法があります。編んでからつなぐ場合、図aの矢印のように、横方向と縦方向につぎます。細編みや引き抜き編みでつなぐときは図b、図cのように、モチーフを外表（もしくは中表）に合わせます。

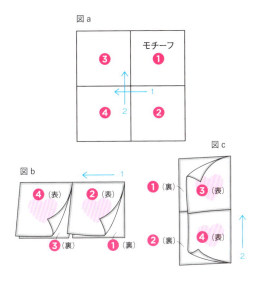

Technique 03 編んでから巻きかがりでつなぐ

裏から見ると

とじ針を使ってつなぎます。モチーフと色を変えてつなぐと、つなぎ目がステッチのように見え、デザインのポイントにもなります。

HOW TO → P.76

Technique 04 編みながらつなぐ

モチーフの最終段を編みながらつなぐので、モチーフのデザインによって編み方は変わります。

HOW TO
ダリアのモチーフつなぎ → P.78
マーガレットのモチーフつなぎ → P.80

テクニック　モチーフつなぎのバリエーション

Technique 01

細編みと鎖編みでつなぐ

細編みでつなぐと、つなぎ目が片方向に倒れず、モチーフとモチーフの中央にきれいに立ち上がります。

1

横方向につなぐ。モチーフ2枚を外表に合わせ、それぞれの長編みの頭2本に針を入れる。矢印のように針に糸をかけて引き出す。

2

細編みを1目編む。

3

続けて鎖編みを1目編んだところ。

4

モチーフ1枚めと2枚めをつないだところ。

5

外表に合わせたモチーフ3枚めと4枚めそれぞれの角の長々編みの頭2本に針を入れる。矢印のように針に糸をかけて引き出す。

6

細編みを1目編んだところ。**1〜3**と同様に編み進める。

引き抜き編みより鎖がまっすぐ立つんだね

7

縦方向につなぐ。中心の手前まで編んだら、横方向でつないだときと同じ端の目に針を入れる。矢印のように糸をかけ、引き出す。

8

細編みを1目編む。

9

横方向でつないだ部分(黄色の糸)を超えて、次の端の目に針を入れる。矢印のように針に糸をかけ、引き出す。

10

細編みを編んだところ。**1**～**3**と同様に、端まで編む。

―〈 POINT LESSON 〉―

デザインに合うつなぎ方

P.72-73のモチーフは「ハートのモチーフつなぎ」。最終段で長編み(角は長々編み)と鎖編みを交互に編んでいるため、つなぎ方も細編みと鎖編みを交互に編む方法にし、モチーフと風合いを合わせました。また、鎖編みで軽さも出て、透け感のあるモチーフのデザインに合います。

ハートのモチーフつなぎ
→ P.58

テクニック ／ 細編みと鎖編みでつなぐ

Technique 02

半目拾って引き抜き編みでつなぐ

モチーフを中表に合わせ、それぞれの外側半目を拾うつなぎ方です。

1

それぞれ外側の半目

横方向につなぐ。モチーフ2枚を中表に合わせ、それぞれの鎖編みの頭の外側半目に針を入れる。

2

針につなぐ糸をかけて、一度に引き抜き、鎖編みを編む。

3

次の目からは、外側半目に針を入れ、糸をかけて引き抜き編みを編む。

4

端までつないだところ。

5

続けて次の2枚の、端の鎖編みの頭の外側半目に針を入れ、引き抜き編みを編む。

6

糸をかけて引き抜いたところ。

7

縦方向につなぐ。**1～6**でつないだ部分（黄色い糸）の手前で、**5**と同じ端の目に針を入れ、引き抜き編みを編む。

8

1～6でつないだ部分（黄色い糸）を超えて、次の端の目に針を入れ、引き抜き編みを編む。

9

引き抜き編みを編んだところ。続けて端まで編む。

--- { POINT LESSON } ---

中表でつなぐとスッキリ！

中表でつなぐ？
外表でつなぐ？

引き抜き編みや細編みでつなぐ場合、編み目が立体的に盛り上がります。そのため、外表に合わせて表を見ながらつなぐと、デザインのポイントになります。中表に合わせて裏側を見ながらつなぐと、編み目は目立ちません。

Technique 03

巻きかがりでつなぐ

とじ針を使ったつなぎかたです。

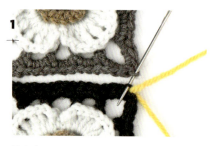

1 横方向につなぐ。1枚めのモチーフの外側半目に裏側から針を出す。2枚めの外側半目に表から針を入れ、1枚めの同じところに裏側から針を出す。

2 次の目に、**1**と同じように針を入れたところ。

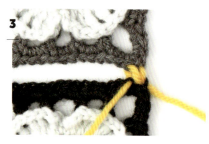

3 右端は「V」のような形に糸が渡り、そのあとは斜め（＼）の縫い目が続く。

4 3・4枚めのモチーフも、**1**と同じように針を入れてつなぐ。

5 左端までつないだら、端の目にもう一度針を入れる。

6 4枚のモチーフを横方向でつないだところ。

 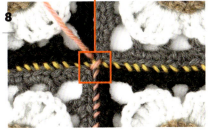

縦方向につなぐ。**1〜6**と同様に縦をつなぐ。中央で横と縦の巻きかがりを交差させるところは、写真のように針を入れる。

交差させるところは、縫い目が「×」のようにクロスする。

⟨ **POINT LESSON** ⟩　　目立たせたい？
　　　　　　　　　　　　隠したい？

つなぐ糸の色選び

モチーフとは違う色を選ぶと、つないだ編み目がデザインのアクセントになります。目立たせたくない場合は、モチーフの最終段と同じ色を使用します。モチーフの配色が複数パターンある場合、目立たせたくないなら濃い方の色に、アクセントにするなら薄い方の色に合わせるのがおすすめです。

ダリアの
モチーフつなぎ

HOW TO
編みながらつなぐ
→ P.82

四方に伸びた葉と、3つずつ並んだ変わりノットがポイント。たくさんつなげると、葉のラインがチェック柄のようにも見えます。

Design by 奥住玲子

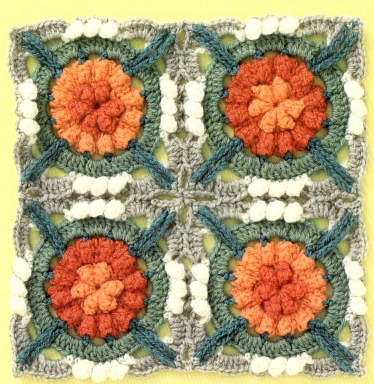

A

B

難易度高めのチャレンジ作品！

ダリアのモチーフつなぎ

材料／道具

糸：ハマナカ アメリーエフ《合太》
　　オレンジ（506）………… 5g
　　朱（507）………………… 5g
　　モスグリーン（517）…… 5g
　　生成り（501）…………… 4g
　　グレー（522）…………… 4g
　　青緑（515）……………… 3g
針：かぎ針 4/0 号

サイズ

モチーフの大きさ：一辺約 9cm の正方形
モチーフつなぎのでき上がりサイズ：縦約 18cm ×横約 18cm

編み方　　　　　　　　　→つなぎ方は P.82 参照

1 モチーフAを編む（❶）。
2 モチーフBを編み、最終段で編みながら❶につなぐ（❷）。
3 モチーフBを編みながら最終段で❶につなぐ（❸）。
4 モチーフAを編みながら最終段で❷・❸と中心につなぐ。

編んでみよう　ダリアのモチーフつなぎ

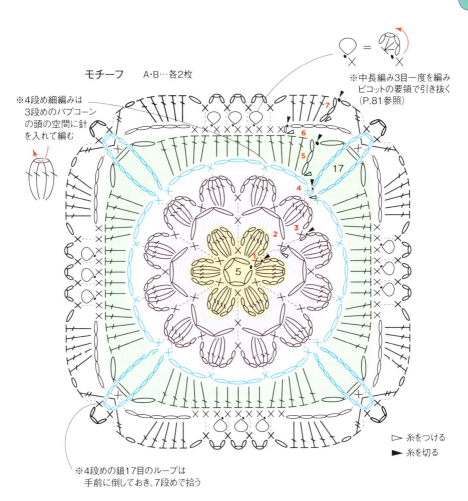

▷ 糸をつける
▶ 糸を切る

配色表

段数		モチーフA	モチーフB
7		グレー	グレー
6		生成り	生成り
5		モスグリーン	モスグリーン
4		青緑	青緑
2・3		朱	オレンジ
1		オレンジ	朱

▷ 糸をつける
▶ 糸を切る

モチーフのつなぎ順

※モチーフは最終段を編みながらつなぐ

モチーフのつなぎ方

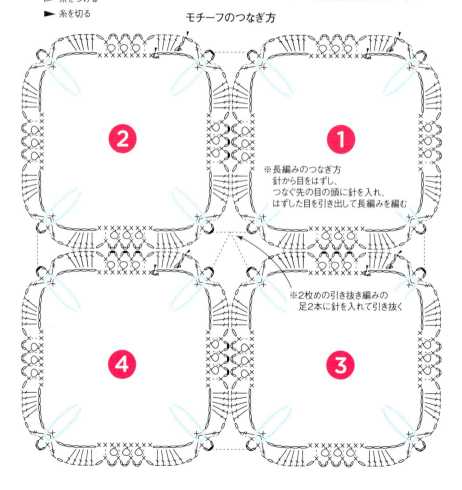

※長編みのつなぎ方
針から目をはずし、
つなぐ先の目の頭に針を入れ、
はずした目を引き出して長編みを編む

※2枚めの引き抜き編みの
足2本に針を入れて引き抜く

6段め 中長編み 3目のノット

中長編み3目一度を、ピコットの要領で引き抜きます。

*わかりやすいように段ごとに糸の色を変えています。

1

鎖編みを4目編む。

2

針に糸をかけて、2目前の鎖の裏山に針を通し、未完成の中長編み（P.84）を編む。

3

続けて未完成の中長編みを2目編み、針に7つのループがかかった状態で、針先に糸をかける。

4

7つのループを一度に引き抜く。

5

1の細編みの頭の手前の半目と、足の左1本に針を入れ、矢印のように針に糸をかけ、一度に引き抜く。

6

引き抜いたところ。

7段め
編みながらつなぐ

2枚めのモチーフの最終段を編みながら、1枚めのモチーフにつなぎます。

1

角を編むところ。4段めの鎖編み17目のループを指で押さえながら、6段めの細編みに長々編みを編む。

2

鎖編みのループを戻し、手前から針を入れて細編みを1目編む。

3

鎖編みを3目編んだあと、**2**と同様に鎖編みのループに針を入れて細編みを1目編む。

4

1と同様に6段めの細編みに長々編みを編む。

5

鎖1目編んで、つなぐ角にきたら、編んでおいた1枚目のモチーフの角の鎖3目のループに針を入れる。

6

針先に糸をかけて引き抜いて編みつなぐ。

7

鎖1目編んで、鎖17目のループに細編みを1目編む。

8 外した目　つなぐ先の目

長編みで、編みつなぐ手前まで編み進んだら、針から目を外し、つなぐ先のモチーフの目の頭に針を入れる。

9

8で外した目に針をかけ、引き出す。

10

長編みを編む。

11

長編みが編めたところ。

12

長編み3目をつないだところ。

13

鎖編みでつなぐ手前まで編み進んだら、つなぐ先の鎖を束に拾う。

14

針先に糸をかけて引き抜く。

83

15

鎖編みを1目編んでから、6段めのノットの間の細編みに針を入れ、細編みを編む。

16

細編みが編めたところ。

17

2枚めを編み終えたところ。

⟨ POINT LESSON ⟩

未完成の○○編み

かぎ針編みでは、編み方の説明に「未完成の○○」という表現が出てくることがあります。「未完成の○○」とは、編み目が未完成の状態のこと。玉編みや逆Y字編み、糸を変えるときなどに使われます。

例えば

未完成の中長編み

最後に糸をかけてループを引き抜く操作をせずに、針に複数のループが残った状態のこと

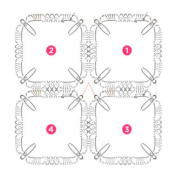

3枚め・4枚めをつなぐ

4枚のモチーフの角を、編みながらつなぐ方法です。

編んでみよう

ダリアのモチーフつなぎ

3枚めの角の手前まで編んだら、2枚めの角の目に針を入れ、針先に糸をかけて引き抜く。

3枚をつないだところ。

4枚めの角の手前まで編んだら、**18**と同じ目に針を入れる。

針先に糸をかけて、引き抜き編みを編む。

引き抜き編みが編めたところ。

4枚をつないだ中央部分。

マーガレットの
モチーフつなぎ

HOW TO
モチーフを編みつける
→ P.89

お花同士を編みながらつなぎ、最後に中心に葉のモチーフCを編み入れます。たくさんつないでもかわいい！

Design by 奥住玲子

A

B

MARGUERITE

中央のモチーフを最後に編むよ

マーガレットのモチーフつなぎ

材料／道具
糸：ハマナカ アメリーエフ《合太》
　　紫（511） ······························ 4g
　　ピンク（505） ························ 4g
　　生成り（501） ························ 3g
　　ペールイエロー（502） ············ 2g
　　モスグリーン（517） ················ 2g
　　ペールグリーン（530） ············ 2g
針：かぎ針 4/0 号

サイズ
モチーフ A・B の大きさ：直径約 7.5cm
モチーフつなぎのでき上がりサイズ：縦約 15cm ×横約 15cm

編み方　→ モチーフ C の編みつけ方は P.89 参照
1　モチーフAを編み（❶）、モチーフBを編みながら最終段で❶につなぐ（❷）。
2　モチーフB を編みながら最終段で❶につなぐ（❸）。
3　モチーフAを編みながら最終段で❷と❸につなぐ（❹）。
4　P.89を参照し、❶❷❸❹を拾いながらモチーフCを編みつける。

モチーフのつなぎ順

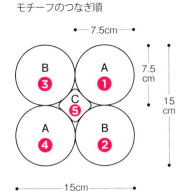

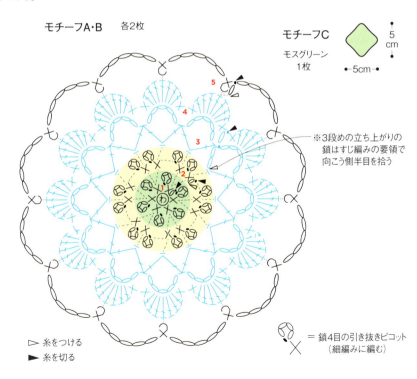

モチーフA・B　各2枚

モチーフC
モスグリーン
1枚

※3段めの立ち上がりの
鎖はすじ編みの要領で
向こう側半目を拾う

▷ 糸をつける
▶ 糸を切る

= 鎖4目の引き抜きピコット
（細編みに編む）

モチーフのつなぎ方

MARGUERITE

配色表

段数		モチーフつなぎ	
		モチーフA	モチーフB
5	——	生成り	
3・4	——	紫	ピンク
2	——	ペールイエロー	
1	——	ペールグリーン	

▷ 糸をつける
▶ 糸を切る

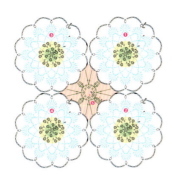

モチーフCの編みつけ方

4つのモチーフを拾いながら、中心にモチーフCを編みます。

*わかりやすいように段ごとに糸の色を変えています。

1

モチーフ②の4段めの鎖編みを束に拾い、長編みの玉編みを束に編む。

2

鎖編みを1目編み、★と☆を束に拾って、長々編み2目一度(P.139)を編む。続けて鎖1目編む。

3

1、2をくり返し、1段編み終えたところ。

4

2段めの編み始め。立ち上がりを鎖1目編み、1の玉編みの頭を拾い細編みを編む。

5

1段めの次の鎖編みと、1目とばした鎖編みを束に拾い、細編み2目一度を編む。

6

同様に細編みと細編み2目一度をくり返し、2段めが編めたら、糸始末をして完成。

マーガレットの
モチーフつなぎのバッグ

HOW TO
モチーフを編み入れる
→ P.89

P.86のマーガレットのモチーフを使った、お花畑のようなレジ袋型バッグ。モチーフをつなぐ順番がカギです。選ぶ糸の種類や色によって、いろいろなイメージに仕上げられます。

Design by 奥住玲子

他の糸でも編んでみたい！

MARGUERITE

マーガレットのモチーフつなぎのバッグ

材料／道具
糸：ハマナカ アメリーエフ《合太》
　　生成り（501）………………… 36g
　　グレー（522）………………… 30g
　　ペールグリーン（530）……… 22g
　　ペールイエロー（502）……… 10g
針：かぎ針 4/0 号

サイズ
モチーフA・Bの大きさ：直径 7.5cm
バッグのでき上がりサイズ：
深さ 22.5cm ×幅 22.5cm、マチ幅 7.5cm、持ち手の長さ約 11cm

編み方
1 モチーフA・Bを編みつなぎ、空間をモチーフC・D・Eで編みつなぐ。
2 持ち手まわりに縁編みを編んで仕上げる。

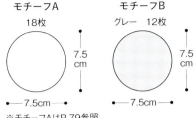

※モチーフAはP.79参照
※モチーフCの編みつけ方はP.89参照

編んでみよう　マーガレットのモチーフつなぎのバッグ

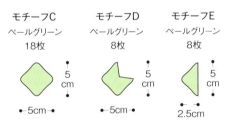

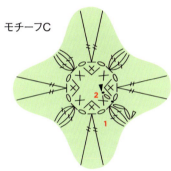

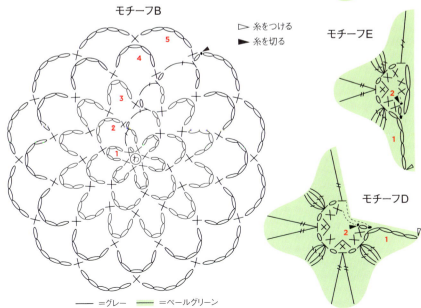

91

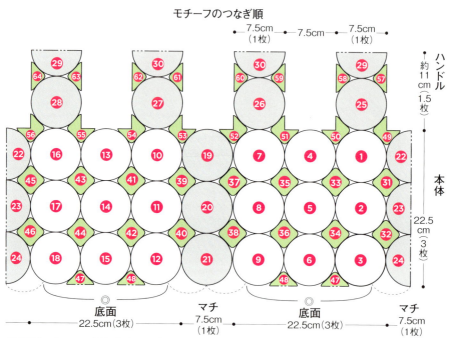

モチーフのつなぎ順

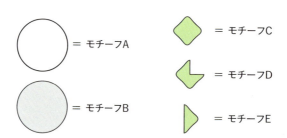

※底面はモチーフA、Bを編みながらつなぎ間にモチーフCを編み入れる

MARGUERITE

バッグの組み立て方

① モチーフAを9枚つないだものを2枚作る（ ❶ 〜 ❾ ・ ❿ 〜 ⓲ ）

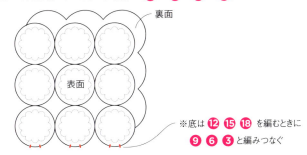

② 両サイドをモチーフBでつなぐ（マチ）。袋状になる

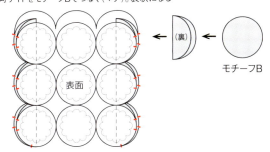

③ ハンドルのモチーフBを表面・裏面にそれぞれ編みつける

④ モチーフC・D・Eをそれぞれ指定位置に編み入れる

⑤ 縁編みを編む

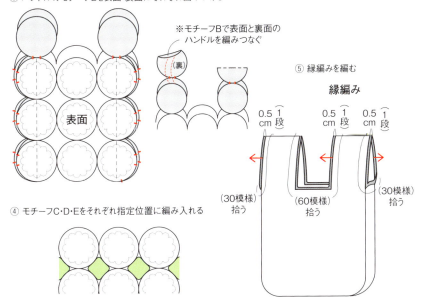

マーガレットのモチーフつなぎのバッグ

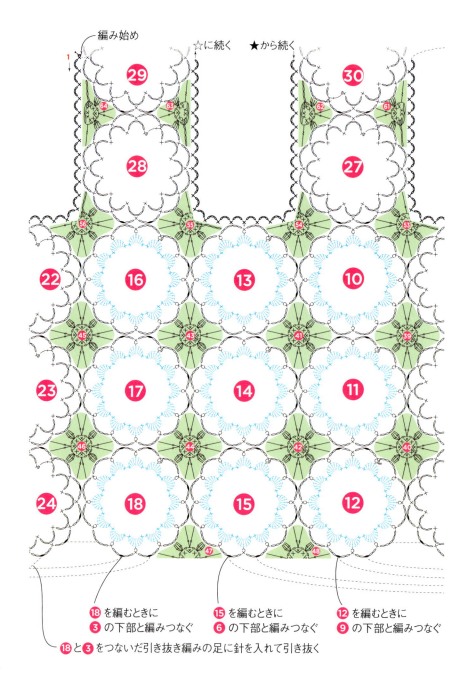

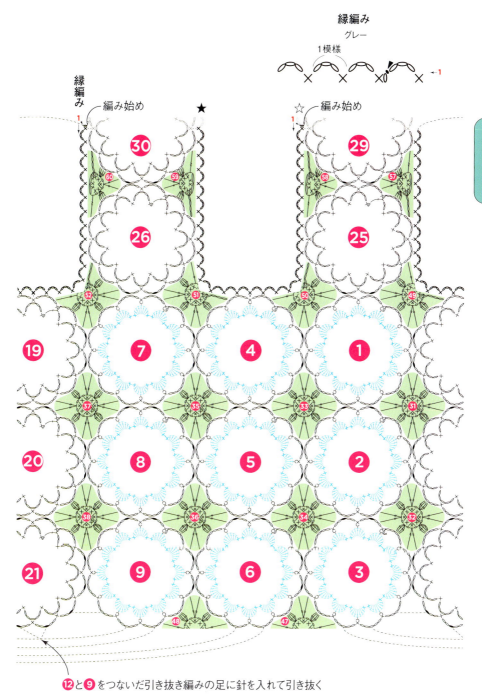

Column

糸のこと、道具のこと

ハマナカさんに聞いてみた

#04 買い足したい毛糸が廃盤に……。代わりの糸はどう選ぶ？

回答｜ゲージが同じ、または近いものを探しましょう

やはり、ゲージが近いものを探すしかないと思います。適正ゲージの同じ糸、もしくは近い糸、適正針が同じものを選んでください。（ゲージのとり方はP.20参照）

#05 1本どりのレシピを引き揃えで編みたい！糸選びはどうする？

回答｜ラベルの重量／糸長を見ること、ゲージをとることをおすすめします。

目安は、1本どりの指定糸の半分の太さの糸。ラベルの「重量／糸長」を見て選びます。そのうえでゲージをとり、指定糸のゲージと比べてみましょう。

例えば
1本どりの指定糸が1玉「50g／50m」の場合
2本で引き揃える糸は1玉「50g／100m」もしくは100m以上のものに

96

Question for Hamanaka

#06 編みやすい糸ってどんな糸？

コラム ハマナカさんに聞いてみた

回答 | 撚りが強い糸やリリヤーンは初心者の方でも編みやすいです。

糸の形状に注目してください。しっかり撚りの入った糸やリリヤーンなどは、糸割れがしにくく、初心者の方でも編みやすいです。

編みやすい糸の例

しっかり
撚りの入った糸

ハマナカ　純毛中細

リリヤーン

ハマナカ
ソノモノ
アルパカリリー

逆に撚りの甘いもの、またループ形状のもの、ファーなど毛足の長いものは、編みにくく感じると思います。その点を理解したうえで、ぜひチャレンジしてください。

撚りが甘いのには
理由があるよ

太い糸は、撚りをきつくすると重くなるため、比較的撚りが甘めです。また、ベビーヤーンも、赤ちゃんの肌当たりを軽減するために甘めに設定しています。

くまの
あみぐるみ

同じ編み図でも、糸の太さによってでき上がりのサイズが大きく変わります。お好みでケープやリボンでおめかしさせて。

Design by ミドリノクマ

BEAR

くまのあみぐるみ

材料／道具

A 糸：ハマナカ アメリー
　　ナチュラルホワイト（20） ……… 7g
　　キャメル（8） ……………… 80g
　　ピーコックグリーン（47） …… 6g
　　レモンイエロー（25） ………… 2g
　その他：中綿80g、
　山高ボタン8mm（H220-608-1）2個
　針：かぎ針6/0号

B 糸：ハマナカ アメリーエル《極太》
　　ピンクベージュ（102） ………… 264g
　　生成り（101） ……………… 25g
　その他：中綿250g、山高ボタン13.5mm
　（H220-653-1）2個、リボン（幅13.5mm）
　100cm
　針：かぎ針10/0号

サイズ

A ゲージ：細編み（10cm平方）21目20段
でき上がりサイズ：高さ約28cm

B ゲージ：細編み（10cm平方）13目13段
でき上がりサイズ：高さ約49cm

編み方

1. 頭1枚、胴体1枚、耳2枚、手2枚、足2枚、しっぽ1枚を編み、それぞれ綿を詰めて閉じる。マズル1枚を編む。
2. 頭に耳、マズルをとじつける。目は山高ボタンを強めに糸を引いて縫いつける。
3. 胴体に手、足、しっぽをとじつける。
4. Aはケープを編み、首に巻いて結ぶ。Bはリボンを首に巻いて結び、端をカットする。

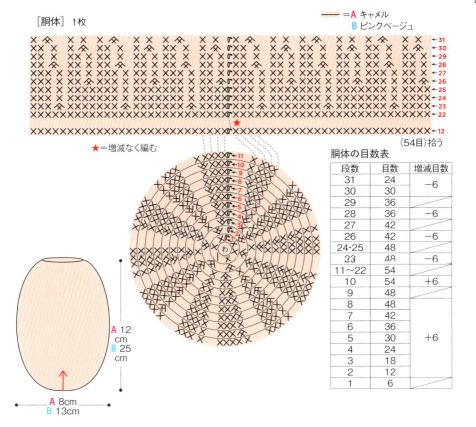

［頭］1枚　　　　　　　　　　　　　　　　　　　　　　　=A キャメル
　　　　　　　　　　　　　　　　　　　　　　　　　　　　　B ピンクベージュ

←27
←26
←25
←24
←23
←22
←21
←20
←19
←18
←17
←13

(60目)拾う

★=増減なく編む

頭の目数表

段数	目数	増減目数
27	24	−6
26	30	
25	36	
24	36	−6
23	42	
22	42	−6
21	48	
20	48	−6
19	54	
18	54	−6
12〜17	60	
11	60	
10	54	+6
9	48	
8	42	
7	42	
6	36	
5	30	+6
4	24	
3	18	
2	12	
1	6	

A 10 cm
B 17 cm

A 9cm
B 15cm

［耳］2枚　　　　　　=A キャメル
　　　　　　　　　　　B ピンクベージュ

←8
←7
←6

耳の目数表

段数	目数	増減目数
5〜8	24	
4	24	
3	18	+6
2	12	
1	6	

A 5cm
B 8cm

A 3.5cm
B 5.5cm

［マズル］1枚　　　　=A キャメル
　　　　　　　　　　　B ピンクベージュ

口まわりの目数表

段数	目数	増減目数
6	28	
5	24	
4	20	+4
3	16	
2	12	
1	8	

A 4.5cm
B 7cm

A 2.5cm
B 4cm

BEAR

[手] 2枚

=A キャメル B ピンクベージュ

=A ナチュラルホワイト B 生成り

手の目数表

段数	目数	増減目数
26	5	−5
25	10	
24	15	
22・23	20	
21	20	−2
19・20	22	
18	22	+2
15〜17	20	
14	20	−5
6〜13	25	
5	25	
4	20	+5
3	15	
2	10	
1	5	

中綿を詰めて最終段の目に糸を通して絞る

A 11 cm
B 20 cm

(25目)拾う

★=増減なく編む

編んでみよう くまのあみぐるみ

[足] 2枚

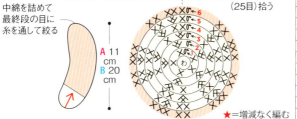

=A キャメル B ピンクベージュ

=A ナチュラルホワイト B 生成り

足の目数表

段数	目数	増減目数
30	5	−5
29	10	
28	15	
27	20	
18〜26	25	
17	25	+5
13〜16	20	
12	20	−5
11	25	−1
10	26	
9	29	−3
8	32	
7	35	
6	38	
5	38	+6
4	32	
3	26	
2	20	
1	14	

中綿を詰めて最終段の目に糸を通して絞る

A 12 cm
B 20 cm

[しっぽ] 1枚

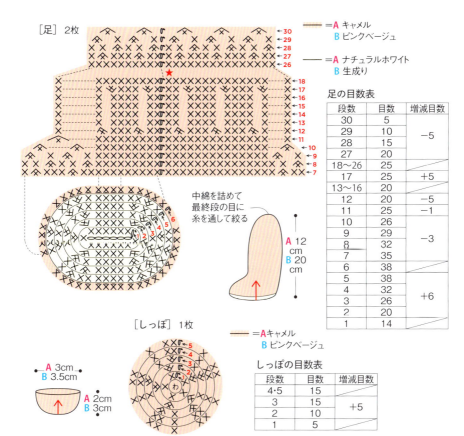

=A キャメル B ピンクベージュ

A 3cm
B 3.5cm

A 2cm
B 3cm

しっぽの目数表

段数	目数	増減目数
4・5	15	
3	15	+5
2	10	
1	5	

101

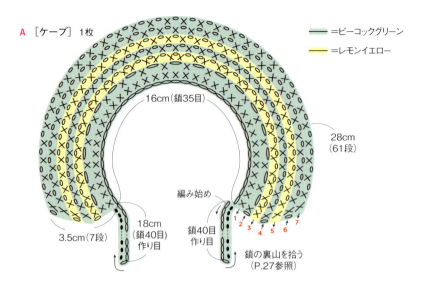

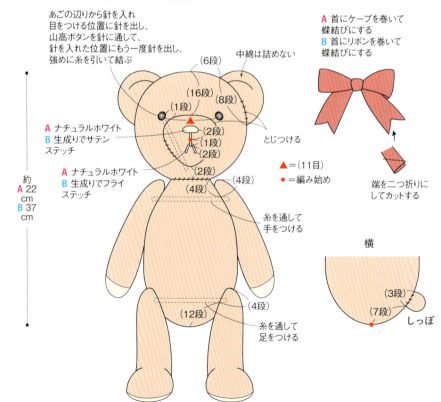

Column / Question for Hamanaka

糸のこと、道具のこと
ハマナカさんに聞いてみた

コラム ハマナカさんに聞いてみた

#07 あみぐるみにおすすめの糸は？

回答｜アクリル、ポリエステルなどの素材の糸をおすすめします

長い間、遊んだり飾ったりしていただくために、おすすめしたいのは、アクリル100％の「ピッコロ」や「ボニー」、ポリエステルとナイロンを使用したモールヤーン「あみぐるみが編みたくなる糸」などです。発色がよく、適度な伸縮性があるので編み目が詰まり、きれいな作品に仕上がります。また、ウールと違い害虫が発生しにくいものポイントです。ウールの糸で編みたい場合は、アフターケアに注意してください（P.107参照）。

ハマナカ　ピッコロ

ハマナカ itoa
あみぐるみが編みたくなる糸

中綿にもこだわってみよう

あみぐるみの中に入れる手芸綿も、抗菌防臭加工などが施されたものがおすすめ。「ハマナカ　ネオクリーンわたわた」は、弾力性があって型崩れしにくく、あみぐるみに最適です。

うさぎの
あみぐるみ

頭とボディがひと続きになったあみぐるみです。立体的なボディラインをきれいに出すには、中綿の詰め方も重要。小さくした中綿を少しずつ詰めましょう。

Design by ミドリノクマ

完成形をイメージしながら編むと理想の形に近づくよ

うさぎのあみぐるみ

材料／道具
糸：ハマナカ ソノモノ《合太》
　　サンドベージュ（2）… 26g
　　生成り（1） …………… 15g
その他：中綿 22g
針：かぎ針 4/0号

サイズ
ゲージ：細編み（10cm 平方）
26目 26段
でき上がりサイズ：長さ約14cm

編み方
1. 本体1枚、耳2枚、前足2枚、後足2枚、しっぽ1枚を編み、それぞれ綿を詰めて閉じる。
2. 本体に耳、前足、後足、しっぽをとじつける。
3. 目、鼻、口を刺しゅうする。

ボディの目数表

段数	目数	増減目数
50	7	
49	14	
48	21	−7
47	28	
46	35	
45	42	
44	49	
43	52	
42	55	−3
41	58	
40	61	
38・39	64	
37	64	+3
36	61	
35	61	+3
34	58	
33	58	+3
32	55	
31	55	+3
30	52	
29	52	
28	49	
27	46	+3
26	43	
25	40	
24	37	
23	34	
22	31	

後足の目数表

段数	目数	増減目数
19	5	
18	10	
17	15	−5
16	20	
10〜15	25	
9	25	+5
8	20	
4〜7	15	
3	15	+5
2	10	
1	5	

★＝11〜14段は増減なしで編む

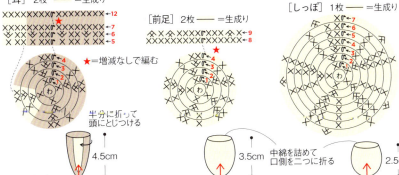

耳の目数表

段数	目数	増減目数
7〜12	16	
6	16	+4
4〜5	12	
3	12	+4
2	8	
1	4	

前足の目数表

段数	目数	増減目数
9	12	−3
4〜8	15	
3	15	+5
2	10	
1	5	

しっぽの目数表

段数	目数	増減目数
7	10	−5
4〜6	15	
3	15	+5
2	10	
1	5	

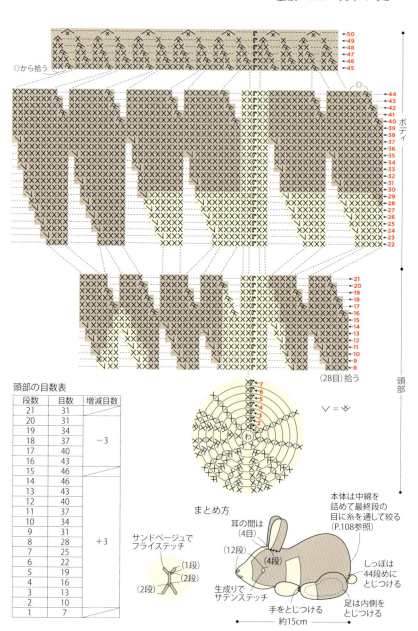

Column　　　　　　　　　　　　　　　　　　　　Question for Hamanaka

糸のこと、道具のこと
ハマナカさんに聞いてみた

#07 作ったあみぐるみのお手入れの方法は？

回答｜洗える糸で作ったものならパーツを外して洗濯も

使用した糸のラベルを確認してみましょう。水洗いができる表示がある場合は、目、鼻、口などのパーツをいったん外したうえで、本体をぬるま湯と中性洗剤で手洗いすることもできます。洗ったあとは風通しのよい場所で日陰干しをし、十分乾かしてください。
ウールが入っている糸の場合は、水洗いすると編み地が縮絨してフェルト化する恐れがあるので、水洗いは避けて。頭の上などはほこりがたまりやすいので、軽くはたいてほこりを落とすとよいでしょう。

お取扱い方法

アイロン押し当てすぎると起毛が寝てしまう恐れあり

ラベルの「お取り扱い方法」で手洗いできるか確認（お取り扱い方法のマークの見方は P.53 参照）

コラム　ハマナカさんに聞いてみた

AMIGURUMI TECHNIQUE

あみぐるみの テクニック

パーツの仕上げ方、組み立て方をていねいに解説するよ

中綿を詰める、パーツをまとめるなど、
あみぐるみならではのポイントがあります。

Technique 01

絞りどめ

パーツの編み終わりを丈夫にきれいに仕上げます。
＊わかりやすいように、糸の色を変えています。

1

編み終えたら糸を20cmほど残して切り、とじ針に通す。最後の段の1目めに、内から外に向けて針を入れて糸を引く。

2

最後の段を順番に1目ずつ拾って、1周拾ったところ。

3

糸を引き絞る。

4

最後にかがった糸を針で拾う。

5

❹でできたループに針を入れる。

6

ぎゅっと糸を引き絞る。

7

中心から本体の中に向けて針を差し入れる。

8

本体の脇から針を出して抜き、糸端を切る。

Technique 02

頭と胴体のつなぎ方

頭と胴体の目を順番に拾いながらかがります。
＊わかりやすいように、糸の色を変えています。

1

頭と胴体、それぞれある程度中綿を詰めたら、最終段の頭の鎖を拾いながら巻きかがり（P.76参照）でつなぐ。

2

7割くらいつないだら、少しずつ中綿を詰めながら形を整える。

3

1周かがったら、糸端をしっかり結ぶ。

4

糸端をとじ針に通し、胴体と頭の境目から刺して脇から出す。

5

針を抜き、残った糸を切る。

つなぎながら中綿を追加して形を整えよう

110

Technique 03

マズルのつけ方

マズルとは、動物の鼻と口の部分のこと。
ずれないようにつけるには、まち針があると便利です。
＊わかりやすいように、糸の色を変えています。

1

とじ針に糸を通し、マズルの下の中心の裏側から、最終段の目の頭の2本を拾うように針を出す。

2

写真のように頭の編み地の目をすくい、マズルの次の目に針を通す。

3

このとき、マズルの上部の中心をまち針でとめておくと、位置がずれにくい。

4

マズルを押さえながら、反時計回りに巻きかがりでとじていく。

5

7割くらいかがったら、マズルに中綿を詰める。

6

1周かがって糸始末を終えたところ。

Technique 04

手足のつけ方

胴体に針を貫通させ、左右を同時につける方法です。
*わかりやすいように、糸の色を変えています。

1

とじ針に糸を通し、片腕の内側の胴体とつなぐ部分をすくって、しっかり結ぶ。

2

胴体の脇にまっすぐ針を入れ、反対側の同じ位置に針を出し、もう片方の腕の内側（1の腕と同じ位置）の糸をすくう。

3

2とは逆方向から胴体に針を刺して貫通させる。より丈夫にしたい場合は、2、3をもう一度くり返す。

4

両側の糸端をしっかり結び、編み地の中に糸端を通す。

5

腕がついたところ。同様に足もつける。

中綿の詰め方のギモン

Q きれいな形に仕上がる中綿の詰め方は？

 A 次の３つを意識して詰めてみましょう

でき上がりの形をイメージしながら作ろう！

あみぐるみは、中綿の詰め方で仕上がりが変わります。中綿がかたよると形がいびつになるので、まんべんなくしっかり行き渡るように詰めましょう。

解決策1　編み地に貼りつけるように中綿を詰める

詰め始めは、編み地との間にすき間ができないように、編み地の内側に貼りつけるようにして詰めていきます。

解決策2　かぎ針などで中綿を押し込む

かぎ針など細長いものを使ってしっかり押し込むと、細い部分や深いところまで中綿が詰まります。

解決策3　閉じる前にも中綿を追加する

入り口部分は中綿の量が少なくなりがち。パーツを絞りどめする前、パーツ同士をつないでとじる前に、もう一度中綿を追加しましょう。

サイズのギモン

 **サイズを変えて
編みたいときは？**

 太さの違う糸で編んでみて

サイズを変えたいとき、目数や段数で調整するのはハードルが高め。同じ編み図のままでも、糸の太さが変わると仕上がりのサイズが変わります（P.22参照）。見本の作品よりも大きく編みたいときは指定糸よりも太い糸で、小さく編みたいときは細い糸で編んでみましょう。かぎ針は、使用する糸の適合針を選んでください。

使用した糸
並太
（ハマナカ　アメリー
／1玉40g・約110m）

使用した針
かぎ針6/0号

くまのあみぐるみ→P.98

使用した糸
極太（ハマナカ　アメリーエル
《極太》／1玉40g・約50m）

使用した針
かぎ針10/0号

糸の汚れのギモン

Q 白い糸を編んでいると糸が汚れてしまうのですが……

A まずは編む前に手洗い、糸玉や編み地は袋に入れて

白い糸を編むときに限らず、編み始める前には、糸に触れる手やテーブルをきれいにしておきましょう。編んでいる途中で、お菓子を食べたり飲み物を飲んだりすることもあると思いますが、油分やカス、水滴などに気をつけましょう。編んでいる糸玉は、清潔な袋に入れた状態で糸だけ引き出して使用すると、汚れにくいです。また、ストールなど大きな作品の場合は、編み終わっている部分が床につかないように注意を。編み終えた部分は袋に入れたり、ひざの上に清潔な布を敷いたりするとよいでしょう。

汚れを防ぐPOINT
・編む前に手を洗う
・テーブルをきれいにする
・糸玉は袋に入れておく
・編み地が床につかないようにする

フリルポシェット

裏地をつけて伸びを解消する実用的なポシェット。風合いの違う2本の糸を引き揃えて編むことで新鮮な編み地が生まれます。

Design by 青木恵理子

ショルダーにテープを縫いつけるだなんて、目からウロコ！

フリルポシェット

材料／道具
糸：ハマナカ ソノモノ アルパカウール《並太》
　　ライトグレー（64）………………… 63g
糸：ハマナカ ソノモノ ヘアリー
　　ライトグレー（124）……………… 30g
布：コットンシーチング
　　グレー系 ……………………… 45cm×30cm
その他：グログランテープ（15mm幅）
　　ライトグレー系 ………………… 115cm
針：かぎ針 7/0号、6/0号

サイズ
ゲージ：模様編み（10cm平方）16.5目18段
でき上がりサイズ：縦約26cm×横約25cm、
ショルダーひもの長さ約109cm

編み方
1　側面を2枚編み、縁編み◎1段でとじ合わせ、続けてフリルを編む。
2　ショルダーひもを編み、裏にグログランテープをミシンで縫い合わせる。
3　内布をカットして縫い、ポシェットと合わせてとじつける。

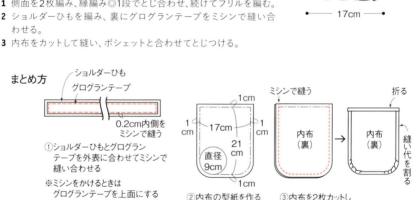

まとめ方

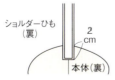

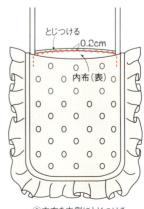

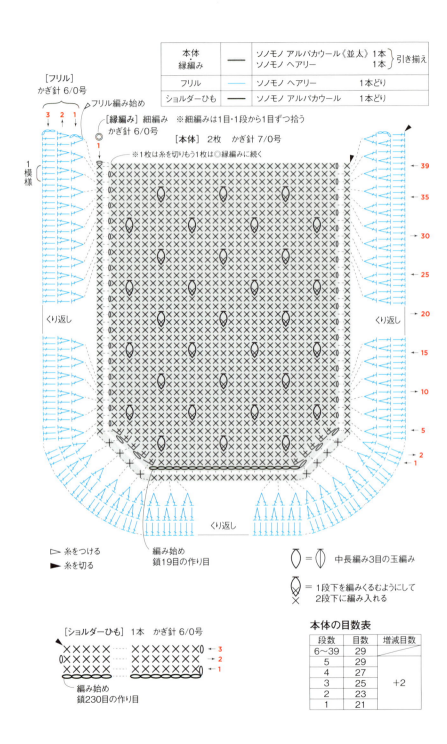

パプコーン編みのギモン

Q パプコーン編みを ふっくら仕上げるには？

A 裏から編むと ボリュームが出ます

「パプコーン編み」は、P.116のフリルポシェットで使われている「玉編み」と似た、丸みのある立体的な編み目です。目数を増やすとボリュームが出ますが、他にも裏を見ながら編む方法も、立体感が増します。実際の編み地を見比べてみましょう。

 長編み5目の玉編み

複数の未完成の編み目をまとめる編み方。パプコーン編みに比べるとふくらみは控えめです。

 長編み5目の パプコーン編み

複数の完成した編み目をまとめる編み方。玉編みより立体的になります。

HOW TO → P.120

 長編み5目のパプコーン 編みを裏から編む

編み地の裏側から編みます。編み目をまとめるときに針を入れる方向が、通常のパプコーン編みとは違います。

HOW TO → P.121

長編み5目の パプコーン編み

編み地の表側から編む方法です。

1

前段の目に長編み5目を編み入れる。

2

針を糸から外し、**1**の長編みの1目めの頭に、手前から針を入れる。

3

2で針を外したループに針先を入れ、引き出す。

4

引き出したところ。

5

針先に糸をかけて引き出し、引き締める。

6

長編み5目のパプコーン編みが編めたところ。

長編み5目のパプコーン編みを裏から編む

編み地の裏側から編む方法です。

1

前段の目に長編み5目を編み入れる。

2

針を糸から外し、**1**の長編みの1目めの頭に、向こう側から針を入れる。

3

2で針を外したループに針先を入れ、引き出す。

4

引き出したところ。

5

針先に糸をかけて引き出し、引き締める。

6

裏側からの長編み5目のパプコーン編みが編めたところ。

引き揃え編みのギモン

Q 引き揃え編みに挑戦したい！
おすすめの糸の組み合わせは？

A プロのアイデアをご紹介します

複数の糸を一緒に編む「引き揃え編み」。違う糸を組み合わせることで、さまざまな色合いや風合いを作ることができるのが魅力です。P.116のフリルポシェットも2種類の糸を引き揃えて編んでいます。デザインを担当した青木恵理子さんと、毛糸メーカーのハマナカさんに、引き揃え編みでおすすめの組み合わせを教えていただきました。

Recommend **編み物作家・青木恵理子さんのおすすめ**

P.116のバッグは近い色で素材感が違う糸を合わせました。色味が違う糸の場合は、ツイードの布をイメージして、ベーシックカラーを合わせると落ち着きます。

ハマナカ　ソノモノ　ヘアリー　No.123
ハマナカ　エクシードウールL《並太》　No.835

ハマナカ　ソノモノ　ヘアリー　No.122
ハマナカ　エクシードウールL《並太》　No.847

Recommend

毛糸メーカー・ハマナカ企画部のおすすめ

ストレートの糸とヘアリーな糸（起毛タイプ）は、糸同士がうまくなじみ、表情も出ます。どちらか1本をグラデーションヤーンにするのもおすすめです。

テクニック｜引き揃え編み

ハマナカ　アメリーエフ《合太》　No.522
ハマナカ　モヘア《カラフル》　No.221

ハマナカ　ソノモノ ヘアリー　No.122
ハマナカ　ソノモノ アルパカウール《中細》　No.172

ハマナカ　純毛中細《グラデーション》　No.111
ハマナカ　モヘア　No.080

スカラップバッグ

夏の定番糸「エコアンダリヤ」で編むクロッシェバッグ。ハンドルに強度を持たせる編み方と内布のつけ方がポイントです。

Design by 青木恵理子

内ポケットもついて実用的！

SCALLOPED BAG

スカラップバッグ

材料／道具
糸：ハマナカ エコアンダリヤ
　　ベージュ（23） ……………… 77g
　　黒（30） …………………… 27g
布：コットンシーチング（90cm幅）
　　ベージュ系 ………………… 50cm
針：かぎ針 6/0 号

サイズ
ゲージ：細編み（10cm 平方）17 目 17.5 段
でき上がりサイズ：深さ約 17.5cm ×幅約 29cm
×底直径 18cm、持ち手の長さ約 25cm

編み方
1. 輪の作り目で細編みで底を編む。細編みは左上方向を意識して斜行しないように編む（P.39参照）。
2. 続けて側面を編む。23〜26段は配色糸を編みくるむ編み込み模様で編む（P.44参照）。
3. 28段めを編んだら糸を休め、指定位置に持ち手の土台となる鎖を編みつける。
4. 29・30段は休めていた糸でバッグ口と持ち手外側を続けて編む。
5. 持ち手内側を編む。
6. 内布をカットする。ポケット口を縫い、側面に縫いつける。
7. 持ち手裏布をアイロンで折り、持ち手裏側に合わせて縫う。
8. 側面2枚を中表に合わせ両サイドを縫い、下側の縫い代に切り込みを入れ、底を縫い合わせる。
9. バッグ本体と内袋を外表に合わせミシンで縫って仕上げる。

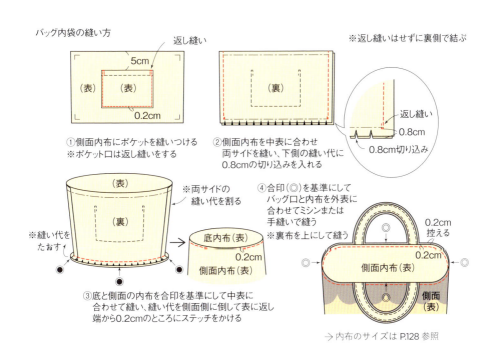

SCALLOPED BAG

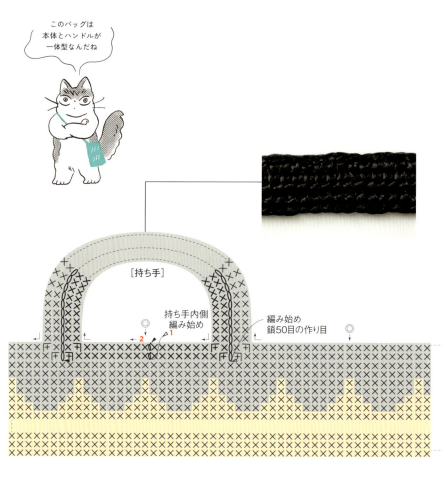

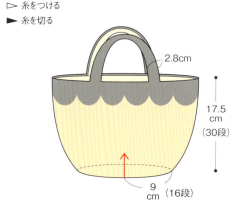

▷ 糸をつける
▶ 糸を切る

底の目数表

段数	目数	増減目数
16	96	
15	90	
14	84	
13	78	
12	72	
11	66	
10	60	
9	54	+6
8	48	
7	42	
6	36	
5	30	
4	24	
3	18	
2	12	
1	6	

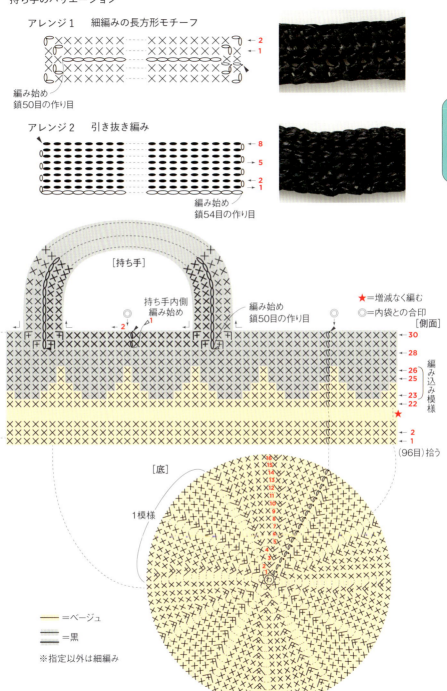

バッグが伸びるギモン

Q 編んだバッグに物を入れると伸びてしまいます。どうしたらいい？

A 内布をつけると荷物をたっぷり入れられる実用的なバッグになります

青木先生に、ご自分用のバッグを作る際にいつも行っている内布のつけ方を教えていただきました。編み地が伸びにくく、毎日使いのバッグにぴったりです。内ポケットをつければ使い勝手はさらにアップ！　ハンドル部分には、リボンや綾テープなどをつけるのもおすすめです。

スカラップバッグを裏返したところ

スカラップバッグ（P.124）の内布のつけ方

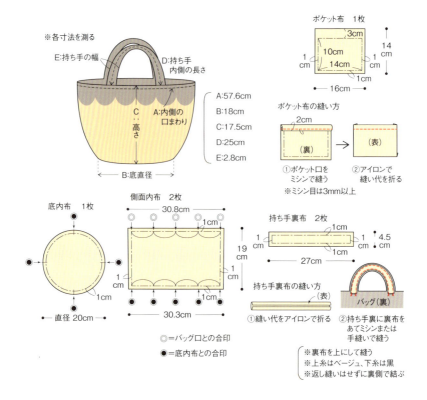

ハンドルは【内布×伸びにくい編み方】で強度アップ！

スカラップバッグ（P.124）は、本体とハンドルを一体化させること（P.126参照）で、引っ張る力を分散させています。

内布はミシンで縫い付けられます。もちろん手縫いでもOK。持ちやすく、強度もアップします。

表に縫い目を出したくないときは【手縫い】に！

手縫いでかがる

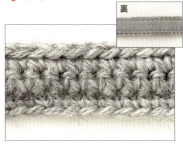

裏

フリルポシェット（P.116）は、本体の内布は手縫いでつけています（写真左）。紐の裏側はグログランリボンを使用。見本はミシンで縫いつけています（写真上）。

テクニック

バッグが伸びるギモンQ&A

Column

糸のこと、道具のこと
ハマナカさんに聞いてみた

#08 エコアンダリヤの仕上げ
＆お手入れ方法は？

回答｜専用のスプレーのりと
　　　はっ水スプレーが便利です

「ハマナカ　エコアンダリヤ」は木材パルプを原料にしたテープヤーンで、春夏の帽子やバッグなどにおすすめの糸です。帽子やバッグが編み上がったら、次のような仕上げをしておくとよいでしょう。

スチーム＆スプレーのり
中に新聞紙やタオルを詰めて、編み地から2～3cm離してアイロンのスチームを軽くあてて形を整えましょう。スチームがしっかり乾いたら、専用のスプレーのりを全体に噴霧します。乾くとパリッとして、形が長く保たれます。

はっ水スプレー
エコアンダリヤはレーヨン100％。水にぬれると強度が下がるので、あらかじめはっ水スプレーをしておくこともおすすめです。水を弾いて繊維に染み込みにくくなり、風合いが保たれ、汚れ防止にもなります。

ハマナカ
エコアンダリヤ

ハマナカ エコアンダリヤ
専用スプレーのり
H204-614

ハマナカ エコアンダリヤ
専用はっ水スプレー
H204-634

Question for Hamanaka

#09 エコアンダリヤはほどいて再利用できる？

コラム　ハマナカさんに聞いてみた

回答｜**アイロンのスチームを軽くあてると風合いが回復し、再利用できます。**

一度編んだエコアンダリヤをほどくと、クセが残り、風合いも変わったように感じられます。再利用したいときは、アイロンのスチームを使って状態を回復させましょう。ただし、いくつか注意が必要です。エコアンダリヤは薄いテープヤーンです。摩擦にとても弱くて切れやすいので、ほどく際はやさしくしてください。また、素材はレーヨン100％で水分の影響を受けやすいです。アイロンのスチームをかけると、水分を含んで糸が膨らみ伸びていきますが、そのときに引っ張りすぎると切れてしまいます。

エコアンダリヤ　再利用のPOINT

① やさしくほどく。

② スチームを軽くあてて伸ばす。ただし、強く引っ張らない。

スチーム前の糸

スチーム後の糸

③ よく乾かしてから使う。

Column

糸のこと、道具のこと

ハマナカさんに聞いてみた

#10 ほどいてクセのついた毛糸。元に戻すには？

回答 | **アイロンのスチームかぬるま湯で押し洗いがおすすめです。**

糸が少量の場合は、アイロンのスチームをあてて、糸を伸ばしてからお使いください。ベストやセーターなど糸の量が多い場合は、一度カセ状態（糸を一定の幅に巻いて束にしたもの）にして、ぬるま湯で手押し洗いをしてください。糸が汚れている場合は、中性洗剤を入れて洗いましょう。最後は柔軟剤で仕上げます。洗ったあとは、軽く絞って水分をとり、日陰干しします。しっかり乾いたら、糸玉状に巻きなおします。巻きなおすとき、少量の場合は食品ラップの芯に巻くのがおすすめ。量が多い場合は市販の玉巻機が便利です。

Question for Hamanaka

#11 糸はどうやって保管するのがいいの？

コラム　ハマナカさんに聞いてみた

回答　虫食い、湿度、日焼けに注意して保管を。

保管方法は、糸の素材によっても違います。
ウールやモヘアなどの獣毛では、特に虫食いに注意して、防虫剤を使用するなど防虫対策をしましょう。水分もNG。水分があると、防虫剤を入れていても虫に食われることも。除湿もしっかり行ってください。保管場所も、建物の1階は地上に近く湿度が高めなので、できれば2階以上で保管するのがおすすめです。
また、変色にも注意しましょう。直射日光はもちろん蛍光灯などの照明でも日焼けをおこします。

毛糸に寿命はありませんので、注意すれば長く保管できますが、いざ作品を編み始めて糸が足りなくなったとき、買い足そうと思っても商品または色が廃盤になる場合もあります。お早めに編まれることをおすすめします。

主な編み目記号と編み方

 鎖編み
かぎ針に糸を巻きつけ、糸をかけ引き抜く。

 細編み
前段の目（1段めの場合は作り目の裏山）に針を入れ、糸をかけて引き出す。さらに針に糸をかけて2ループを一度に引き抜く。

 中長編み
針に糸をかける。前段の目（1段めの場合は作り目の裏山）に針を入れて、糸をかけて引き出す。さらに糸をかけて3ループを一度に引き抜く。

長編み
針に糸をかける。前段の目（1段めの場合は作り目の裏山）に針を入れて、糸をかけて引き出す。さらに糸をかけて2ループを引き抜くことを2回繰り返す。

 長々編み
針に糸を2回かける。前段の目（1段めの場合は作り目の裏山）に針を入れて、糸をかけて引き出す。さらに糸をかけて2ループを引き抜くことを3回繰り返す。

2回巻く

 引き抜き編み
前段の目に針を入れ、糸をかけて一度に引き抜く。

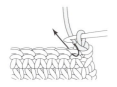 

編み目記号

主な編み目記号と編み方

主な編み目記号と編み方

 細編み2目編み入れる
前段の目に針を入れて細編みを1目編み、同じ目にもう一度針を入れて細編みを編む。

 細編み2目一度
前段の目に針を入れ、糸をかけて引き出す。次の目にも針を入れ、糸をかけて引き出す。さらに針に糸をかけて3ループを一度に引き抜く。

 細編みの裏引き上げ編み
前段の目の足を向こう側からすくい、細編みを編む。

※2次元コードがあるものは、ハマナカ公式YouTube
チャンネル［amuusejp］の編み方動画を視聴できます。

 細編みのすじ編み
前段の目の向こう側半目をすくい、細編みを編む。

 中長編み2目編み入れる
針に糸をかけ、前段の目に針を入れて中長編みを1目編み、同じ目にもう一度針を入れて中長編みを編む。

 中長編み2目一度
針に糸をかけ、前段の目に針を入れ、糸をかけて引き出す。さらに針に糸をかけ、次の目にも針を入れて糸をかけて引き出す。さらに針に糸をかけて5ループを一度に引き抜く。

主な編み目記号と編み方

 長編み2目編み入れる
針に糸をかけ、前段の目に針を入れて長編みを1目編み、同じ目にもう一度長編みを編む。

 長編み2目編み入れる（束に拾う）
針に糸をかけ、前段の目の下の空間に針を入れて長編みを1目編む。
同じ空間にもう一度長編みを編む。

 長編み2目一度
針に糸をかけ、前段の目に針を入れ、糸をかけて引き出す。さらに針に糸をかけ2ループ引き抜く（未完成の長編み）。針に糸をかけ、次の目にも未完成の長編みを編む。さらに針を入れて糸をかけて3ループを一度に引き抜く。

※2次元コードがあるものは、ハマナカ公式YouTube
チャンネル[amuusejp]の編み方動画を視聴できます。

 長編みのすじ編み
針に糸をかけ、前段の目の向こう側半目をすくい、長編みを編む。

 長々編み2目編み入れる
針に糸を2回かけ、前段の目に針を入れて長々編みを1目編み、
同じ目にもう一度長々編みを編む。

 長々編み2目一度
針に糸を2回かけ、前段の目に針を入れ、糸をかけて引き出す。さらに針に糸をかけ
2ループ引き抜くことを2回繰り返す（未完成の長々編み）。針に糸をかけ、次の目に
も未完成の長々編みを編む。さらに針を入れて糸をかけて3ループを一度に引き抜く。

主な編み目記号と編み方

 中長編み3目の玉編み（目に入れる）

針に糸をかけ、前段の目に針を入れ、糸をかけて引き出す（未完成の中長編み）。同じ目に未完成の中長編みをもう2目編む。さらに針に糸をかけて7ループを一度に引き抜く。

 長編み4目の玉編み（束に拾う）

針に糸をかけ、前段の鎖を束に拾い、糸をかけて引き出す。さらに針に糸をかけ2ループ引き抜く（未完成の長編み）。同じ目に未完成の長編みをもう3目編む。さらに針に糸をかけて5ループを一度に引き抜く。

※2次元コードがあるものは、ハマナカ公式YouTubeチャンネル［amuusejp］の編み方動画を視聴できます。

長編み4目のパプコーン編み（束に拾う）

針に糸をかけ、前段の鎖を束に拾い4目編む。ループから針を外して、1目めの長編みの頭に針を入れ、外したループを針にかけて引き抜く。もう一度針に糸をかけ、鎖1目編んで引き締める。

 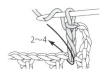 

ステッチの刺し方

サテンステッチ

輪郭線上の1から針を出し2に針を入れる。同様に3から出して4に入れ、輪郭線の中を埋めるように繰り返す。

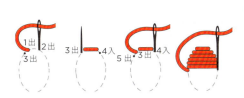

フライステッチ

1から針を出し2に入れて3から出す。Yの字になるように糸をかけて引き、4に針を入れる。

INDEX

あ
あみぐるみにおすすめの糸	P.103
あみぐるみのお手入れ	P.107
編み込みのバリエーション	P.40
編み図からわかる情報	P.18
編みながらつなぐ	P.82
編み目記号と編み図の見方	P.16
糸始末	P.52
糸のこと	P.12
糸のねじれ	P.48
糸の保管方法	P.133
糸の結び方のバリエーション	P.50
糸を買い足す	P.96
糸を裏に渡す編み込み	P.47
糸を縦に渡す編み込み	P.46
糸を段の端で渡す編み込み	P.42
糸を横に渡す（編みくるむ）編み込み	P.44
裏山	P.26
お手入れ	P.107 P.132

か
かぎ針	P.10
かぎ針の持ち方	P.25
逆Y字編み	P.61
鎖編み	P.134
鎖編みの作り目と立ち上がり	P.24
鎖の作り目から円を編む	P.32

鎖の作り目の目数	P.33
ゲージとは	P.20
ゲージが合わないとき	P.21
細編み	P.134
細編みと鎖編みでつなぐ	P.72
細編みの裏引き上げ編み	P.136
細編みのすじ編み	P.137
細編み2目編み入れる	P.136
細編み2目一度	P.136

さ
サイズのこと	P.20
再利用	P.131 P.132
仕上げと洗濯	P.54
絞りどめ	P.108
斜行	P.39
束に拾う	P.63
外表でつなぐ	P.75

た
楕円に編む	P.35
立ち上がりの目数と次に拾う目	P.25
段目リング	P.11 P.30
中長編み	P.134
中長編み3目の玉編み	P.140
中長編み2目編み入れる	P.137
中長編み2目一度	P.137
作り目の裏山	P.26
筒に編む	P.36

	つなぐ糸の色選び	P.77
	道具のこと	P.10
な	長編み	P.135
	長編みの立ち上がりの目の拾い方	P.37
	長編みのすじ編み	P.139
	長編み2目編み入れる	P.138
	長編み2目一度	P.138
	長編み4目の玉編み	P.140
	長編み4目のパプコーン編み	P.141
	中表でつなぐ	P.75
	長々編み	P.135
	長々編み2目編み入れる	P.139
	長々編み2目一度	P.139
	中綿の詰め方	P.113
は	はた結び	P.51
	バッグの内布のつけ方	P.128
	バッグのハンドルのつけ方	P.128
	パプコーン編み	P.119
	半目の引き抜き編みでつなぐ	P.74
	引き揃え編み	P.96 P.122
	引き抜き編み	P.135
	ほどいた糸の戻し方	P.132
ま	巻きかがりでつなぐ	P.76
	未完成の編み目	P.84

	モチーフつなぎのバリエーション	P.70
	模様の見え方	P.49
ら	ラベルの見方	P.13
	ロット	P.14
わ	輪の作り目から円を編む	P.28
	輪の作り目と鎖の作り目の違い	P.34

インデックス

143

作品デザイン＆制作（五十音順）

青木恵理子
奥住玲子
ミドリノクマ

STAFF

ブックデザイン	五木田裕之（ITSU）
キャラクターイラスト	樋口モエ
撮影	天野憲仁（日本文芸社）
作り方解説	奥住玲子、ミドリノクマ
トレース	奥住玲子、ミドリノクマ
プロセス解説	奥住玲子
編み方イラスト	小池百合穂
編み図校正	佐々木初枝
テキスト校正	前田毅
編集	大島佳子

素材提供

ハマナカ株式会社
京都府京都市右京区花園薮ノ下町2番地の3
TEL 075-463-5151（代表）
http://hamanaka.co.jp

かぎ針編みのギモン解決BOOK

2024年9月1日　第1刷発行
2024年12月10日　第3刷発行

編　者	日本文芸社
発行者	竹村　響
印刷所	TOPPANクロレ株式会社
製本所	TOPPANクロレ株式会社
発行所	株式会社 日本文芸社
	〒100-0003　東京都千代田区一ツ橋1-1-1 パレスサイドビル8F

Printed in Japan
112240820-112241127 N 03 (201126)
ISBN978-4-537-22232-6
©NIHONBUNGEISHA 2024
編集担当　和田

印刷物のため、作品の色は実際と違って見えることがあります。ご了承ください。
本書の一部または全部をホームページに掲載したり、本書に掲載された作品を複製して店頭やネットショップなどで無断で販売することは、著作権法で禁じられています。

乱丁・落丁本などの不良品、内容に関するお問い合わせは、小社ウェブサイトお問い合わせフォームまでお願いいたします。
URL　https://www.nihonbungeisha.co.jp/

法律で認められた場合を除いて、本書からの複写・転載（電子化を含む）は禁じられています。また、代行業者等の第三者による電子データ化および電子書籍化は、いかなる場合も認められていません。